W0289268

Spiele zur Natur- und Umwelterfahrung

Ein Beitrag zur erlebbaren Umwelterziehung

Herbert Kersberg/Ulla Lackmann (Hrsg.)
unter Mitarbeit von Antje Erlemeier,
Claudia Henke, Sabine Herick,
Antje Hunold, Andrea Jütte

Arbeitsstelle Umwelterziehung
Institut für Geographie und ihre Didaktik
Universität Dortmund

in Verbindung mit der Pädagogischen Arbeitsstelle
im Verband Deutscher Schullandheime e. V., Hamburg

Spiele zur Natur- und Umwelterfahrung

Ein Beitrag zur erlebbaren Umwelterziehung

Herbert Kersberg/Ulla Lackmann (Hrsg.)
unter Mitarbeit von Antje Erlemeier,
Claudia Henke, Sabine Herick,
Antje Hunold, Andrea Jütte

Verlag Verband Deutscher Schullandheime
1994

Alle Rechte vorbehalten

© by Verlag Verband Deutscher Schullandheime e. V.
Hamburg 1994

Redaktion	Klaus Kruse
Fotos	Harald Johannson, Archiv des Verbandes Deutscher Schullandheime
Finanzielle Förderung	Bundesministerium für Bildung und Wissenschaft
Gesamtherstellung	Werkstatt des Verlages Wolfgang Witte, Wistedt bei Tostedt
Bezug	Verlag Verband Deutscher Schullandheime Mendelssohnstr. 86 22761 Hamburg Tel. 040/890 15 41, Fax 040/89 86 39

ISBN 3-924051- 76-3

Inhaltsverzeichnis

Vorwort

Die vorliegende Sammlung von Spielen zur Natur- und Umwelterfahrung wurde von dem Leiter und den Mitarbeiterinnen der Arbeitsstelle Umwelterziehung am Institut für Geographie und ihre Didaktik an der Universität Dortmund zusammengestellt. Dies geschah zunächst im Rahmen der praktischen Erprobung und Diskussion bereits vorliegender und teilweise publizierter Spiele zur Naturerfahrung. Dabei ergaben sich Modifizierungen und Ergänzungen, in den meisten Fällen auch neue Akzentsetzungen. In der Folgezeit flossen vor allem Erfahrungen aus der Arbeit mit Kindern in Schule und Freizeit, insbesondere während mehrtägiger Aufenthalte im Schullandheim, mit ein. Hinzu kamen Anregungen und Erlebnisse beim Besuch von Tagungen und Arbeitstreffen zur Umwelterziehung sowie Erfahrungen bei der eigenen Durchführung von Kompaktseminaren mit Studentinnen und Studenten und von Fortbildungsveranstaltungen mit Lehrerinnen und Lehrern, Umweltpädagoginnen und -pädagogen. Hilfreich waren auch die Ergebnisse von Staatsexamensarbeiten für das Lehramt, die am Institut für Geographie und ihre Didaktik an der Universität Dortmund vergeben wurden sowie eine Staatsarbeit im Rahmen der Referendarausbildung.
Insgesamt gehört diese aufbereitete und kommentierte Zusammenfassung von Spielen zur Umwelterfahrung auch zu den Ergebnissen von Untersuchungen, die im Rahmen eines dreijährigen Modellversuchs des Verbandes Deutscher Schullandheime zur Umwelterziehung im Schullandheim mit Förderung durch das Bundesministerium für Bildung und Wissenschaft (BMBW) durchgeführt wurden. An diesem Modellversuch war die Arbeitsstelle Umwelterziehung beteiligt.
Die meisten der hier aufgeführten Spiele wurden nicht selbst „erfunden" oder völlig neu erdacht. Anregungen zur Auswahl und Darstellung gaben neben den zahlreichen Publikationen von Spielen die erwähnten praktischen Erfahrungen. Von Bedeutung waren dabei die von *Cornell* (1979, 1981) dargestellten und in der freien Natur überzeugend praktizierten Spiele.
Es fällt häufig schwer, die Autorenschaft der einzelnen Spiele eindeutig zu ermitteln. Viele sind in ähnlicher oder im Grunde doch verwandter Form schon - zum Teil mehrfach - publiziert worden, häufig ohne Bezug auf einen bestimmten Urheber. Manche Spiele waren bereits seit langem bekannt, bevor sie später von Autoren/Autorinnen „neu" publiziert wurden! So ergeht es den Spielen fast wie den Märchen. Sie waren einmal da, werden immer wieder neu erlebt und abgeändert und in der einen oder anderen Form an andere weitergegeben. Bei den jeweiligen Erzählungen oder Anweisungen fließen dann die eigenen Erfahrungen aus vorhergehenden Aktionen und Erlebnissen mit ein. Die nächste Generation gibt das Spiel mit ihrer eigenen Note oder gar mit entscheidenden Veränderungen weiter und empfindet sich somit immer wieder als „ursprünglich". Das ist sicher auch im Sinne einer lebendigen und sich weiter entwickelnden Umwelterziehung.

In der hier dargebotenen Zusammenstellung wird auf Autorinnen und Autoren mit Literaturangaben - soweit sie bekannt sind - verwiesen, ohne damit die erste Autorenschaft festschreiben zu wollen.
Die gegebenen Spielanweisungen und Empfehlungen beruhen auf subjektiven Erfahrungen und können daher beliebig - nach eigenen Erfahrungen - verändert und weiterentwickelt werden.

1 Einleitung

Die letzten eineinhalb Jahrhunderte haben als Folge einer starken Bevölkerungszunahme vor allem in Ballungsräumen im Verbund mit der Industrialisierung und Verstädterung und einer Technisierung des Alltags sowie einer gewaltigen Zunahme der Verkehrsmobilität eine uns kaum noch bewußte Naturentfremdung bewirkt. Die Möglichkeiten des bewußten Erlebens von Pflanzen und Tieren in freier Natur, von Tages- und Jahreszeiten, von Wind und Wetter, von Aussaat und Ernte, von Naturlauten und Stille sind nicht nur im Alltag der Großstadt, sondern auch im kleinstädtischen und gar im ländlich geprägten Raum selten oder gar unmöglich geworden.

Wenn wir diesen - nicht nur für die körperliche Gesundheit, sondern auch für die Entwicklung von Einstellungen und Verhaltensweisen des Menschen - folgenschweren Begleiterscheinungen der „Zivilisation" in einem spürbaren und auch realisierbaren Ausmaß entgegenwirken wollen, müssen wir versuchen, möglichst viele wirksame Gegengewichte aufzubauen. Das gilt insbesondere für die stark erlebnisfähige und wirksame Entwicklungszeit des Menschen in der frühen und späteren Kindheit und in der Jugend. Dies bedeutet unter anderem, daß viele entsprechende Erlebnissituationen geschaffen und in geeigneter Form verfügbar, d.h. erlebbar gemacht werden müssen.

Ein wesentlicher Grund für die fehlenden Erlebnissituationen ist das Spielverhalten von Kindern am Ende des 20. Jahrhunderts, das sich radikal verändert hat. Konnte generationenlang ein vergleichbares Spielverhalten beobachtet werden, so ist in den letzten Jahrzehnten zunehmend feststellbar, daß das kreative Spiel vor allem im Freien nur noch wenig Platz im Alltag eines Kindes findet.
Das kann verschiedene Ursachen haben:
- Die verstädterte Umwelt bietet weniger Möglichkeiten für kreative Spiele,
- das Angebot von „fertigen Spielen", die das Kinderzimmer erobert haben, fördert nicht die Fähigkeit zum freien Spiel,
- in den institutionalisierten Bildungseinrichtungen, vor allem im Schulalltag, bleibt für das Spielen wenig Zeit und Raum.

Hinzu kommt eine in den letzten Jahrzehnten zu beobachtende Veränderung der familiären Situation: die Großfamilie ist zur Kleinfamilie, oft gar zur Kleinstfamilie geworden. Dadurch können Erfahrungen, die früher von Großeltern und Eltern an die nächste Generation weitergegeben und gemeinsam erlebt wurden, oft nur „aus zweiter Hand" über Abbildungen sowie auditive und audiovisuelle Medien wie Funk und Fernsehen übermittelt werden.

Vor diesem Hintergrund sind auch die Entwicklung und der Einsatz von Spielen zur Umwelterfahrung an „außerschulischen" Lernorten zu sehen.

Sie bieten Erlebnis- und Erfahrungsmöglichkeiten in einer - vielen Kindern und Jugendlichen immer fremder werdenden - naturnahen Umwelt.

Umweltspiele sollten in ein Gesamtkonzept zur Umwelterziehung eingebunden sein. Die übergeordneten Ziele der Umwelterziehung, wie „Stärkung des Umweltbewußtseins“ und „Schaffung einer ökologischen Handlungskompetenz“ (Beschluß der Kultusministerkonferenz 1980) sind nur erreichbar, wenn Umwelterziehung durchgängig und vielseitig betrieben wird.

Ein weiterer Aspekt sollte bedacht werden: Naturerfahrungen sollten zuerst und vor allem an positiven Beispielen erlebt werden, d.h. an noch intakten, möglichst naturnahen Lebensräumen mit ihren Pflanzen und Tieren bzw. an Landschaften mit noch umweltverträglichen Eingriffen des wirtschaftenden Menschen. Die Fülle negativer Beispiele von Umweltentwicklung mit schweren und kaum umkehrbaren Schäden sowie krasser Formen der Umweltzerstörung überwiegt ohnehin. Dies darf die Umwelterziehung aber keinesfalls auf eine „Katastrophenpädagogik“ reduzieren, indem der Schwerpunkt auf das Beklagen des verschlechterten Umweltzustands und auf Umweltkatastrophen und -skandale gelegt wird. Kinder und Jugendliche lernen häufig den Lebensraum Wald erst im Zusammenhang mit dem Waldsterben kennen und den Lebensraum Fließgewässer als ein Problem im Zusammenhang mit der begradigten Betonrinne oder der verschmutzten „Wasserstraße“. Diese Tatsache ist insofern bedenklich, weil ein wichtiges Ziel der Umwelterziehung, durch positive Kontakte zu Pflanzen, Tieren und Lebensräumen Wertvorstellungen und entsprechende Verhaltensweisen zu schaffen, nicht erfüllt worden ist. Trotzdem sind viele Kinder heute gefühlsmäßig stark betroffen von Umwelt- und Naturzerstörungen. Dies ist dann meist verbunden mit einem Gefühl der Hilflosigkeit, nichts daran ändern zu können. Es treten Zukunftsängste auf. Zu den Aufgaben der Umwelterziehung gehört es dann auch, über diese Ängste offen miteinander zu reden, um zu einer „konstruktiven Angstbewältigung“ beizutragen (vgl. *Unterbruner* 1991).

Naturerleben und spielerische Umwelterfahrungen in der Gemeinschaft, verbunden mit Gesprächen über Erlebtes und Planungen über Machbares und Vermeidbares auf der Basis konkreter Situationen und Fakten, erfüllen hier eine ganz wesentliche Funktion. Dies soll hier als „erlebbare Umwelterziehung“ verstanden werden.

2 Spiele im Rahmen der Umwelterziehung

2.1 Zur Bedeutung des Spiels in der Umwelterziehung

Das Spiel ist eine wichtige Form der Auseinandersetzung des Kindes mit seiner Umwelt. Pädagoginnen und Pädagogen i.w.S. messen dem Spiel des Kindes eine besondere Bedeutung bei. Es gehört zu ihrem pädagogischen Aufgaben- und Erkenntnisbereich, spielende Kinder zu beobachten und ihre Reaktionen zu registrieren, die Bedeutung des gemeinsamen Spiels für das einzelne Kind und für die spielende Gruppe zu erkennen und geeignete Spiele vorzubereiten und den Kindern anzubieten. In den Hochschulen wird versucht, die Wirkungen des Spiels auf Kinder in der Praxis mit wissenschaftlichen Methoden zu erkunden („Spielpädagogik").
Hinter den unterschiedlichen Definitionen und Zuordnungen von Spielen und den Formen des Spiels verbergen sich meist die jeweiligen Interessen und Sichtweisen der Autoren und Autorinnen.
Einige Autoren (*Einsiedler* 1991, *Fritz* 1991) schlagen zur Begriffsbestimmung des Spiels vor, das Spiel nicht zu definieren, sondern es als „injunkten" Begriff zu verstehen, der fließende Übergänge zu anderen Verhaltensformen umfaßt (z.B. zu Erkundungsverhalten oder zielgerichtetem Herstellen).
Fest steht, daß das Spiel im Leben von Kindern eine zentrale Rolle einnimmt, deren Bedeutungsvielfalt auf dem Hintergrund unterschiedlicher Denkansätze besser zu verstehen ist. Deshalb sollen einige Spieltheorien kurz aufgeführt werden (nach *Horney* u.a. 1970, *Lockenvitz* 1990):

1. Die *psychoanalytische Spieltheorie* geht davon aus, daß das Spiel eine Form der Verarbeitung von Erlebnissen aus dem Leben der Kinder ist. Im „Schonraum" Spiel können Realitäten verarbeitet werden: das Spiel ermöglicht ein Verändern der Realität und das Ausprobieren neuer Möglichkeiten zu ihrer Bewältigung.
2. Der *sozialisationstheoretische Spielansatz* sieht die Funktion des Spiels im Zusammenhang mit Entwicklungs-, Lern- und Sozialisationsprozessen. Er ordnet das Spiel in den allgemeinen Rahmen der Sozialisation ein, in dem Erfahrungen gesammelt, Verhaltensmuster erlernt, der Umgang mit anderen Menschen (Kindern) geübt wird sowie Einblicke in soziale Strukturen gegeben werden. Soziale Verhaltensweisen können durch das Spiel gefördert werden (erzieherische Funktion): Kooperations- und Entscheidungstraining, Anregung der Kommunikationsbereitschaft, Stärkung der Solidaritäts- und Emanzipationsbereitschaft, Aufbau „emotionaler Ich-Stärke". In diesem Zusammenhang kommen dem Spiel vor allem sozial- und bildungspolitische Aufgaben zu. Spiele tragen allgemein zur Kreativitätsförderung und Freisetzung kindlicher Phantasie und Gestaltungsfähigkeit bei.
3. Der *phänomenologische Spielansatz* ist auf das Spiel selbst gerichtet: Spiel als Ausdruck von Lebenskraft, Lebensfreude und Spaß, es

ist in diesem Bereich „Selbstzweck". Aktivitäten beim Spiel kommen dem Bewegungsbedürfnis der Kinder stark entgegen. Darüberhinaus entsprechen Spiele dem Wunsch nach Geselligkeit.
Folglich können Spiele für Kinder auch ein wesentliches Mittel der Auseinandersetzung mit ihrer Umwelt sein. Charakteristisch sind die Konkretheit des Tuns und die Sinnlichkeit der Erfahrung.

Spiele im Rahmen der Umwelterziehung sind eindeutig mit einer pädagogischen Absicht verknüpft. Es sind somit nicht mehr die Spontanspiele der Kinder mit ursprünglichen Inhalten und Formen. Umweltspiele haben sich meist durch Beobachtungen und aufgrund von Erfahrungen im Zusammensein mit Kindern entwickelt. Dabei wird verständlicherweise eine Gratwanderung beschritten: Die Spiele sollen so kindertümlich und zweckfrei wie möglich und so zielgerichtet wie nötig sein. Darin besteht auch der Konflikt in der Diskussion um den pädagogischen Wert des „Lernspiels": didaktische Absichten sollen gepaart sein mit spontanem Spielspaß und natürlicher Spannung. Spielen in der Umwelterziehung ist immer auch mit Lernen verbunden und soll Verhaltensänderung oder -stabilisierung bewirken. Umweltspiele sollen ökologische Inhalte und Einsichten vermitteln. Sie bieten Erfahrungsmöglichkeiten im Hinblick auf Abhängigkeiten bzw. auf das Wechselwirkungsgefüge in der natürlichen und in der vom Menschen beeinflußten und geprägten Umwelt. So können sie zu einem ökologisch orientierten Handeln beitragen. Sie lassen Art und Intensität eines Eingriffs des Menschen in den Naturhaushalt erkennen, und häufig sind die Diskussion der Möglichkeiten einer Vermeidung oder Verminderung des Eingriffs damit verbunden. Ökologische Handlungskompetenz gehört zu den Zielen der Umwelterziehung.

2.2 Formen von Umweltspielen

Spiele zur Natur- und Umwelterfahrung haben ihren inhaltlichen Schwerpunkt im Bereich der *Umwelt* im weiten Sinne; dabei können bio- und geoökologische, gesellschaftliche und ethische, aber auch ökonomische und politische Fragen eine zentrale Rolle spielen.
Es werden unterschiedliche Formen und Methoden im Bereich der Umweltspiele praktiziert, die dementsprechend auch die verschiedenen Ebenen der Wahrnehmung beim Menschen ansprechen. Im folgenden werden vor allem solche Formen von Umweltspielen vorgestellt, die mit unmittelbaren Erfahrungen sowohl im Gelände („Natur") als auch im Raum oder seiner nahen umgebung verbunden sind. Andere Spiele, die mittelbar zu einem Umweltbewußtsein beitragen können, werden nur kurz angesprochen (Rollenspiel, Planspiel, Brettspiele und andere Spiele.

2.2.1 Spiele zur Natur- und Umwelterfahrung

Spiele zur Natur- und Umwelterfahrung ermöglichen einen spielerischen Zugang zu den Erscheinungen und Vorgängen in der natürlichen oder durch den Menschen veränderten Landschaft. Die Förderung der sinnlichen Wahrnehmung nimmt dabei einen vorrangigen Stellenwert ein. Bewußtes Hören, Beobachten, Schauen, Tasten, Riechen, Schmecken und das Empfinden von Stille vermitteln in spielerischer Form Eindrücke und Ersterlebnisse in der Natur und Kenntnisse über die Natur. Originale Begegnung kann Betroffenheit auslösen und dadurch den Wunsch zum Verstehen und zum Schutz der belebten und auch der unbelebten Natur nach sich ziehen.
Wichtig für die Betroffenheit ist also das unmittelbare Erleben von Natur und Landsachaft. Es mangelt aber zunehmend an Primäreindrücken durch originale, sinnhafte Begegnung. Das Wissen über Natur und Umwelt wird heute weitgehend sekundären Quellen, vor allem den audiovisuellen Medien entnommen.
Originale Begegnungen sollten sich aber nicht nur auf außerschulische Lernorte beschränken, sie können auch ihren Platz im Schulalltag finden. Es wird die häufig „übergangene Sinnlichkeit in der Schule" beklagt (*Rumpf* 1981).

Mit Spielen zur Natur- und Umwelterfahrung können etwa folgende (affektive und kognitive) Ziele verbunden werden:
- spielerisch mit allen Sinnen die Umwelt erfahren und somit eine Sensibilität für die Vielfalt von Strukturen entwickeln,
- die Vielfalt der Natur als etwas Schönes, Wertvolles und Schützenswertes erleben,
- Einblicke in Verflechtungen von belebter und unbelebter Natur gewinnen,

- die Rolle des Menschen in der Naturlandschaft im Spannungsfeld zwischen unvermeidbarer Beeinträchtigung und Schutz oder Wiederherstellung erkennen,
- die eigenen Möglichkeiten der aktiven Mitwirkung bei der schonenden Behandlung von Natur und Umwelt erkennnen.

So können Spiele zur Natur- und Umwelterfahrung zur Entwicklung einer harmonischen Beziehung zwischen Mensch und Natur beitragen.

In der vorliegenden Darstellung werden Spiele zu unmittelbaren Erfahrungen im Gelände unterteilt in:
- Spiele zur Sensibilisierung und
- Spiele zur Einsicht in Naturphänomene.

Die Übergänge zwischen diesen beiden Kategorien sind fließend und die Spiele sind daher nicht immer eindeutig zuzuordnen. Die als Spiele zu Erfahrungen im Raum aufgeführten Beispiele gehören ebenfalls zu diesen Kategorien, allerdings durch mittelbare Erfahrungen. Dabei werden mit „Erfahren von Stille" Spiele vorgestellt, die sowohl im Raum als auch im Freien ablaufen können. Eine Verbindung beider Erlebnisräume ist auch durch das „Gestalten mit Naturmaterialien" gegeben.

Jedes Spiel bedarf einer guten *Vorbereitung* durch die Spielleiterin bzw. den Spielleiter. Die Auswahl der Spiele muß auf die jeweilige Gruppe angemessen abgestimmt und die Gruppe muß auf die Spiele eingestimmt werden. Dabei ist zu beachten, daß die Spiele - von der *Spielform* (Sozialform) her gesehen - sowohl Einzelspiele (z.B. „Laute kartieren") als auch kooperative Gruppenspiele sein können.

Obwohl alle Spiele kooperativ ausgerichtet sind, entwickelt sich bei einigen Spielen (z.B. „Landschaft verändern") immer wieder ein Wettbewerbscharakter. Dieser sollte sich jedoch nicht zu einem Wettkampfdenken entwickeln, sondern vielmehr die Idee eines kooperativen Wettspiels haben, bei dem der Gedanke des „Gewinnens" nicht im Vordergrund steht.

Ein wichtiges Gebot ist, kein Spiel unter *Zeitdruck* zu spielen. Die Voraussetzung, genügend Zeit zu haben, um auch scheinbar unwichtige Dinge auf dem Weg zum Spielort betrachten zu können, ist unabdingbar für die Umwelterziehung und für ein *positives „Gesamtklima"*.

Das *Reflektieren* der Spielsituationen und die *Auswertung* der Ergebnisse und Erlebnisse sind ein wesentlicher Bestandteil der Umwelterziehung! Die Kinder müssen die Gelegenheit haben, über gewonnene Erfahrungen und Gefühle nachzudenken und zu *diskutieren*.

Mit den verwendeten Hilfsmitteln und *Materialien* muß *schonend* umgegangen werden (Konsumbegrenzung). Werden Gegenstände der Natur entnommen, dann sollten sie nach ihrer Verwendung wieder dahin zurückgebracht werden (außer Fremdstoffe!). Wiederverwertbare Materialien sind den nur einmal verwendbaren Materialien vorzuziehen. Vorgefertigte Materialien sind im Sinne der Umwelterziehung meist weniger geeignet als selbst gesuchte und hergestellte Materialien.

Cornell (1979, S.13-15) nennt für das spielerische Lernen im Freien einige Grundregeln (stark verkürzt):

- nicht nur Fakten über die Natur lehren, sondern auch Ehrfurcht und Respekt ihr gegenüber vermitteln,
- gerade auch als Lehrer/in aufnahmefähig und feinfühlig sein in Bezug auf die Stimmungen und die Gefühle der Kinder; auch die Geschehnisse in der Natur wahrnehmen und die Kinder auf interessante Dinge hinweisen; die Kinder spüren lassen, daß auch ihre Entdeckungen wichtig sind,
- erst schauen und erfahren - dann sprechen; es ist nicht wesentlich, alle Namen der Pflanzen und Tiere zu kennen, mindestens ebenso wichtig ist das bewußte Erleben und Wahrnehmen mit allen Sinnen.

Der besondere pädagogische Wert von Naturerfahrungsspielen im Rahmen der Umwelterziehung liegt also im *affektiven* Bereich, in der erlebnis- und gefühlsbetonten Ergänzung und Vertiefung sachlicher Inhalte, aber auch in ganz neuen Erlebnissen und Sichtweisen der Umwelt.

2.2.2 Rollen- und Planspiele zur Umwelt

Rollen- und Planspiele simulieren die Wirklichkeit. Diese „gespielte Realität" versetzt die Schülerinnen und Schüler für den Zeitraum des Spiels in „tatsächliche Realität", die es erlaubt, Handlungsmöglichkeiten auszuprobieren und sich aktiv mit verschiedenen Meinungen und Positionen auseinanderzusetzen.
Rollen- und Planspiele können sich im Rahmen der Umwelterziehung nicht auf ein bestimmtes Fachgebiet beschränken. Alle Aspekte, ob naturwissenschaftliche, wirtschaftliche, gesellschaftliche oder politische Argumente müssen berücksichtigt werden. Sie enthalten also eine nicht im voraus einzugrenzende Variabilität, so daß auch unvorhersehbare Situationen entstehen können. Rollen- und Planspiele zur Umwelt helfen, Erscheinungen und Prozesse modellhaft zu erfassen und für Schüler/innen überschaubar zu machen.

Beispiele für Rollen- und Planspiele im Zusammenhang mit der Umweltproblematik sind u.a. beschrieben in: *Institut für ökologische Forschung und Bildung* e.V., Hg., (1988[4], 1988), *Heymann* u.a. (1986). Hilfen zum Einstieg in Formen der Darstellung bestimmter Rollen sowie Anleitungen und Ideen zur Theaterarbeit zum Thema Umwelt finden sich in *Bachmann/Vortisch* (1989).

Rollenspiele

In Rollenspielen versuchen Schülerinnen und Schüler, die besonderen Merkmale übernommener Rollen darzustellen und „auszuspielen".

Dabei können sie die Rollen auf der Grundlage ihrer eigenen Erfahrungen oder nach gezielten Situations- und Handlungsbeschreibungen ausfüllen. Der Einsatz von Rollenspielen ermöglicht das Erreichen folgender Ziele (nach: *Institut für ökologische Forschung und Bildung e.V.*, Hg., 1988[4]):

- Sich durch Information und Wissen handelnd mit Dingen bzw. Situationen auseinandersetzen (Handlungsfähigkeit),
- Differenziertes Wahrnehmen von Konfliktsituationen,
- Handlungsabläufe erfassen und deren Ergebnisse bewerten,
- Alternativen entwickeln und ausprobieren,
- Interessen abwägen, Kritikfähigkeit, aber auch Akzeptanz lernen,
- kommunizieren, sich artikulieren und begründet durchsetzen können,
- Informationsbedürfnis wecken und erweitern,
- Prozesse einer Entscheidungsfindung bewußt machen.

Bei einem vorgesehenen Rollenspiel sind folgende Komponenten zu beachten (nach: *Mathis* u.a., Hg., 1980):

- Die *Situation* (das Problem- und Spannungsfeld), die die Akteure bewegt, sich zu äußern, Stellung zu beziehen und die gegenseitigen Beziehungen im Spiel erkennbar zu machen,
- die *Spielerinnen und Spieler*, die versuchen, sich in die Rollen hineinzuversetzen und die wesentlichen Punkte der vorgegebenen Problemsituationen darzustellen,
- die *Beobachterinnen und Beobachter*, die den Verlauf des Rollenspiels kritisch verfolgen und unter bestimmten Gesichtspunkten kommentieren.

Ein Rollenspiel läßt sich nach *Mathis* in folgende Phasen einteilen:

Vorbereitungsphase:

- Auswahl und Eingrenzung des Problems und des Situationszusammenhangs.
- Erklärung und Verteilung der Rollen. Die Rollen können zugewiesen oder nach eigener Wahl ausgesucht werden. Günstig ist es, wenn die Rollen doppelt besetzt werden können.
  Als Hilfestellung für die Art der Darstellung einer Rolle können folgende Fragen dienen: 1. Wer bin ich? (Rolle), 2. Wem stehe ich gegenüber? (Spielsituation), 3. Was soll ich und was kann ich tun? (Spielhandlung).
- Anweisungszettel/Rollenkarten für Akteure (oder Zeit zum freien Überlegen). Die Texte sollen nur das Nötigste an Faktenwissen enthalten. Die Einübungsdauer kann - je nach Rolle - variieren, sie sollte aber genügend Zeit zur sachkundigen Vorbereitung enthalten.

Spielphase:

Die Kinder oder Jugendlichen spielen das Rollenspiel.

Auswertungsphase:
- Bericht der Beobachter/innen, die das Spiel unter bestimmten Fragestellungen betrachten, z.B.: Welche Rollen sind erkennbar, wer spielt welche Rolle, was bewirkt das Rollenverhalten bei den einzelnen Spielerinnen und Spielern?
- Bericht der Spieler/innen und mögliche Fragen an sie: Wieweit konntest du deine Rolle spielen, wie hast du dich in deiner Rolle gefühlt, welche Schwierigkeiten hattest du dabei, wie hast du die Rolle anderer Mitspieler/innen erlebt, hättest du dich als Leiterin oder Leiter des Spiels ähnlich verhalten?
- Diskussion mit allen Beteiligten.

Wichtige *Spielregeln*:
1. Das Spiel sollte beendet werden, wenn keine neuen Ideen mehr in das Spiel einfließen.
2. Nur eine überschaubare Situation festlegen bzw. ein typisches Beispiel wählen.
3. Es werden keine endgültigen Lösungen angestrebt, wichtig sind die Diskussion mit einer begründeten Argumentation und das Durchschaubarmachen der Positionen.

Planspiele (Entscheidungs- oder Simulationsspiele)

Im Mittelpunkt eines Planspiels steht ein Konflikt, den verschiedene Interessengruppen (Personen, Organisationen) miteinander auszutragen haben (*Institut für ökologische Forschung und Bildung* e.V., Hg., 1988[4]). Im Gegensatz zum Rollenspiel übernehmen die Teilnehmerinnen und Teilnehmer keine „persönlichen" Rollen, sondern übertragene Funktionen, die sie als Vertreter bestimmter Interessen handeln lassen.

Der Konflikt beschränkt sich in der Spielsituation auf die Darstellung und Diskussion der wesentlichen Punkte. Zum Abschluß des Planspiels wird das erreichte Ergebnis im Spiel anhand bestimmter Kriterien beurteilt.

Der Einsatz eines Planspiels kann folgende Ziele verfolgen:
- Politisches und soziales Lernen (das Planspiel schließt neben dem Wissen auch unterschiedliche Verhaltensmöglichkeiten, Gefühle und persönliche Fähigkeiten mit ein),
- realitätsbezogenes Lernen mit vereinfachtem Sachverhalt (Auseinandersetzung mit dem Alltag, ggf. Ausprobieren neuer Lösungsstrategien, ohne daß negative Folgen befürchtet werden müssen).

Planspiele sind Gruppenspiele, die sich durch gemeinsames Planen, Entscheiden und Kooperieren auszeichnen.

Zum *Verlauf eines Planspiels* (nach *Mathis* u.a., Hg., 1980; *Institut für ökologische Forschung und Bildung* e.V., Hg., 1988[4]):
Spielregeln und Spielorganisation müssen vor Beginn des Spiels vereinbart werden (wo, wie lange, in welcher Gruppe wird gespielt?). Der auszutragende Konflikt wird in seiner Ausgangslage beschrieben.

Die Gesamtgruppe teilt sich in Kleingruppen auf („Interessengruppen"). Die Mitglieder einer Interessengruppe versuchen, die Probleme des Konfliktes zu erfassen, Pläne zur Vorgehensweise zu entwickeln und evtl. Rollenkonzepte auszuarbeiten. Ziele und Strategien müssen der Spielleitung vor Beginn des Spiels mitgeteilt werden, da die Spielschritte so besser zu verfolgen sind.

„Handlungsverlauf und Ergebnis der Auseinandersetzung sind offen. Die Teilnehmer/innen des Planspiels simulieren die Handlungen der im Spiel vorgesehenen gesellschaftlichen Gruppen. Die Kommunikation zwischen den Gruppen erfolgt überwiegend schriftlich. Diese Mitteilungen (Spielschritte) werden nur über eine Spielleitung verteilt" (a.a.O., S.8). Die Spielleitung hat die Aufgabe, das Spielgeschehen zu beobachten, Äußerungen und Spielschritte zu protokollieren (evtl. Wandzeitung als Verlaufsprotokoll), Zusammenhänge deutlich zu machen und Spielschritte zu genehmigen. Es können auch direkte Begegnungen (z.B. Konferenzen, Besprechungen) oder Demonstrationen stattfinden.
Eine „Pressegruppe" läßt der Gesamtgruppe die wichtigen Informationen des jeweils aktuellen Standes der Auseinandersetzung zukommen.
Ist das Planspiel beendet, sollte eine Auswertung in der Gesamtgruppe erfolgen, die die gespielten Aktivitäten und Konsequenzen nochmals aufzeigt. Eine inhaltliche Vertiefung der im Spiel angesprochenen Problematik kann sich anschließen.

Materialliste:
Inhaltliche Hilfsmittel: Beschreibung der Ausgangslage, Beschreibung der Spielrollen, evtl. spezielle Rollenbeschreibungen, evtl. Informationsmaterialien (Gesetzestexte, Nachschlagewerke, Lexika).

Technische Hilfsmittel:
Schreibmaterialien (Stifte, Papier, ggf. eine Schreibmaschine pro Gruppe), Konzeptpapier, Durchschlagpapier, Tonbandgerät, falls vorhanden Fotokopiergerät, Wandzeitung.

Im Rahmen dieser Ausführungen über den Ansatz und möglichen Verlauf von Rollen- und Planspielen können aktuelle Situationen leicht aufgegriffen und eigenständig gestaltet werden.
Themen für Rollen- und Planspiele zu Umweltkonflikten sollten der Lebens- und Erfahrungswelt bzw. dem Interessenbereich der Kinder und Jugendlichen entnommen werden. Es gibt häufig aktuelle Anlässe und örtliche Bezüge. Dabei sollten Kontakte zu den örtlichen Naturschutz- und Umweltverbänden (Umweltzentren, Biologische Stationen u.a.), zu den Umweltbehörden (Untere Landschafts- oder Naturschutzbehörde) und zu den politischen Ausschüssen (Umweltausschuß) sowie zur örtlichen Presse aufgenommen werden. Auch Informationen durch die audiovisuellen Medien oder die Presse kön-

nen sich als Themen eignen. Dazu bietet sich als Vorarbeit das Sammeln aktueller Berichte zu Umweltthemen an. Diese Berichte stehen dann den Personen oder Gruppen als Info-Material zur Verfügung.

Themenbeispiele für Rollen- und Planspiele:
- Ein geplanter Straßenausbau (z. B. Umgehungsstraße) bedroht freie Spiel- und Erholungsflächen Gärten oder Wohnhäuser.
- Eine Straße soll als Fußgängerzone für den motorisierten Verkehr gesperrt werden.
- Sperrung der Innenstadt für Motorfahrzeuge: Die fahrradfreundliche Stadt.
- Tempo 30 im Ortsbereich?
- Pro und Contra Golfplatz (Freizeitpark, Campingplatz etc.)
- Der Gemeinderat beteiligt die Bürger: Anregungen und Bedenken zum neuen Flächennutzungsplan (FNP) oder Landschaftsplan (LP).
- Konflikte im Außenbereich der Stadt: Wanderwege - Radwege - Reitwege!
- Pro und Contra: Müllverbrennungsanlage, Kompostierungsanlage, „Grüner Punkt".
- Welche Energie ist umweltverträglicher (Erdgas, Kohle, Öl, Kernenergie, Wasserkraft, Sonnenenergie, Windenergie...)?
- Ausbau von Fernstraße oder Schiene?
- Eine neue Autobahnstrecke ist geplant!
- Ist die tägliche warme Dusche ökologisch noch zu verantworten (Energiesparen)?
- „Unkraut" - gibt es das?
- Sind Urlaubsreisen mit dem Flugzeug ökologisch noch vertretbar?
- Problem: Ferienhäuser in der freien Landschaft?
- Wie kann unsere Schule umweltfreundlicher werden?
- Spielzeuge aus Kunststoffen oder Naturmaterialien?
- Artgerechte Tierhaltung u. a.

2.2.3 *Brettspiele*

Auf Brettspiele soll im Rahmen dieser Veröffentlichung nur hingewiesen werden, da hinreichende Beschreibungen über Art und Einsatz der Spiele vorliegen (vgl. *Retter* 1985; *Akademie für Lehrerfortbildung Dillingen*, Hg., 1991; *Kessel - Klein/Klein* 1992).

Einige Brettspiele können im Rahmen der Umwelterziehung besonders für Kinder, andere eher für Jugendliche und Erwachsene geeignet sein. Einige stellen vor allem wirtschaftliche Aspekte von Umweltproblemen in den Vordergrund, andere wollen naturwissenschaftliches Hintergrundwissen vermitteln oder technische Vorgänge simulieren. Wieder andere thematisieren die alltägliche Auseinandersetzung mit umweltschädlichen Verhaltensweisen oder zeigen umweltfreundliche Handlungsalternativen auf. In bestimmten Spielen können Umweltprobleme nur aufgrund von sozialem und kooperativem Verhalten gelöst werden.

Brettspiele als Würfelspiele mit „Start" und „Ziel" können mit Kindern auf einfache Art und Weise selbst hergestellt werden (vgl. Leifermann 1992). Das macht Spaß und kann gleichzeitig zu interessanten Gesprächen und Überlegungen führen. Das Grundprinzip ist dabei sehr einfach: es wird eine Situation vorgegeben, aus der heraus eine Aufgabe gelöst werden soll. Mit Hilfe von „Ereigniskarten" greifen Ereignisse von außen ein, verändern die Lage und können die gestellte Aufgabe erschweren.
Für das Thema „Leben am Wasser" wurde im Rahmen des im Vorwort erwähnten Modellversuchs ein *Libellenspiel* entwickelt (*Schullandheimwerk Schwaben e.V./Verein Augsburger Schullandheime e.V.*, Hg., 1991). Es veranschaulicht den Lebenslauf von Libellen und weist auf Gefährdungen hin, die durch natürliche Gegebenheiten und durch von Menschen verursachte Störungen des Naturhaushaltes auf Libellen einwirken.

Für die Herstellung des Spiels können auch gebrauchte Materialien (Holzbretter, Woll- und Stoffreste, einseitig bedrucktes Papier, gebrauchtes Geschenkpapier, Filmdosen, Spulen von Nähgarn, Kronkorken, Korken u.a.) zu Spielbrett und Spielfiguren umgestaltet werden.
Das *Institut für ökologische Forschung und Bildung e.V.*, Hg., 1986[6] beschreibt in einer „Kommentierten Umweltspieleliste" neben Brettspielen auch Plan- und Rollenspiele sowie Naturerfahrungsspiele.

3 Umweltspiele in der Praxis

3.1 Zur Handhabung der Spielbeschreibungen

Die vorliegende Zusammenstellung ist aufbereitet als Handreichung für Begleitpersonen ohne oder mit geringen Vorkenntnissen im Bereich der praktischen Umwelterziehung vor Ort. Sie ist aber auch als Anregung für „Fortgeschrittene" gedacht. Die Handreichung soll Entscheidungen erleichtern und Mut machen zur Durchführung von Aktivitäten im Bereich Umweltlernen und Naturerleben am - für viele ungewohnten - „außerschulischen" Lernort. Die meisten Umweltspiele wurden mehrfach erprobt. Die Umsetzung und Erprobung dieser Spiele war ein Auswahlkriterium. Aus der Praxis ergaben sich daher Modifizierungen, die durch Hinweise und Erfahrungen ergänzt werden. Jedes ausgewählte Umweltspiel wird in einer übersichtlichen, einheitlich formatierten Darstellung aufgeführt und durch weiterführende Literaturhinweise und Quellen ergänzt.

Im folgenden werden Naturerfahrungsspiele für das Gelände oder Umweltspiele für die Durchführung im Raum (z.B. Schullandheim, Schule) aufgeführt.

Die Naturerfahrungsspiele werden aufgeteilt in *Spiele zur Sensibilisierung* (affektive Spiele) und *Spiele zur Einsicht in Naturphänomene*, die einen Einblick in die Funktionsweisen der Natur geben (kognitive Spiele). Die Einteilung der Spiele in die verschiedenen Kategorien dient vor allem der Übersichtlichkeit. Sie soll keine Einschränkung oder Abgrenzung der Anwendungsmöglichkeiten bewirken.

Weiterhin werden *Umweltspiele für den Raum* beschrieben und Themenvorschläge für Rollen- und Planspiele gemacht sowie ein Beispiel für ein Rollenspiel aufgeführt. In einem gesonderten Kapitel werden Vorschläge für eine Durchführung von meditativen Phasen („Erfahren von Stille") für den Schullandheimaufenthalt oder den Unterricht in der Schule gemacht. In der Praxis hat sich die Einbindung des Bereiches *„Gestalten mit Naturmaterialien"* in den Komplex Umweltspiele bewährt, so daß auch für dieses Thema einige Vorschläge beschrieben werden. Schließlich werden Vorschläge für den Einsatz von Spielen an „außerschulischen" Lernorten gemacht, die aufzeigen, wie Umweltspiele im Rahmen von Umwelterziehung eingesetzt werden können.

Alle aufgeführten Spiele werden in einer Übersicht den verschiedenen Sinnen oder anderen Kategorien, die in dem jeweiligen Spiel gefördert werden, zugeordnet. Diese Übersicht befindet sich am Ende des Spieleheftes. Je nach Vorhaben und Konzept können aus ihr die jeweils passenden Spiele für die Gestaltung von Aktivitäten zur Umwelterfahrung ausgewählt werden.

Die Beschreibung der einzelnen Spiele wurde in einem einheitlichen Raster vorgenommen. Im oberen Bereich („Kasten") werden organisatorische Hinweise und Orientierungen aufgeführt: Für die Angabe der *Altersgruppe,* für die die Spiele vorwiegend geeignet sind, gibt es keine eindeutigen Grenzen. Die meisten der hier aufgeführten Spiele wurden in der vorliegenden Form mit Grundschulkindern (vorwiegend 4. Schuljahr) erprobt.

Die Angaben zu den Altersgruppen können etwa so zugeordnet werden:

Vorschulkinder: 3 bis 5 (6) Jahre;
Kinder: 6 bis 12 (14) Jahre;
ältere Kinder: 12-14 Jahre;
Jugendliche: 13 (15) bis 18 (19) Jahre.

Viele dieser Spiele wurden auch in der Lehreraus- und -fortbildung in entsprechenden Seminaren bzw. Fortbildungsveranstaltungen eingesetzt und im Hinblick auf ihre altersmäßige Zuordnung diskutiert. Spiele, die sich sowohl für Oberstufenschüler/innen als auch für Erwachsene eignen, wurden der Altersgruppe „Jugendliche" zugeordnet.

Zahlenangaben, die die *Gruppengröße* betreffen, sind als situationsabhängige Eckwerte zu verstehen, wobei vor allem die Obergrenze von Bedeutung ist. Ein Spiel wirkt immer harmonischer und nachhaltiger, wenn die Gruppe nicht zu groß ist.

Auch die *Dauer* eines Spiels kann nur zur groben Orientierung angegeben werden. Es sollte grundsätzlich nie unter Zeitdruck gespielt, erlebt oder erkundet werden. Als *Spielort* wird in den meisten Fällen ein „Idealstandort" genannt. Viele der Umwelt- und Naturerfahrungsspiele können - je nach Bedingungen vor Ort - außer im naturnahen Gelände auch in der Schulumgebung, im Stadtpark oder in weniger optimaler Umgebung durchgeführt werden.

Mit der Rubrik *Inhalt* wird versucht, das zu beschreibende Spiel kurz zu charakterisieren. Als *Materialien* werden Hilfsmittel für das jeweilige Spiel aufgeführt, die sich aufgrund der Erfahrungen als empfehlenswert oder notwendig erwiesen haben. Einige Materialien können jedoch im Hinblick auf die vorhandenen Möglichkeiten auch abgeändert bzw. ersetzt werden.

Den wichtigsten Teil bilden die eigentlichen *Spielbeschreibungen*, die teilweise auch mit Varianten vorgestellt werden. Die aufgeführte *Absicht* erläutert die Erwartungen und „Lernziele", die an das jeweilige Spiel geknüpft sind.

Allgemeine Ziele von Spielen zur Natur- und Umwelterfahrung werden im einleitenden Teil dieses Heftes im Zusammenhang mit Zielen der Umwelterziehung erläutert. Ziele der Umwelterziehung werden in der Literatur an vielen Stellen genannt (*Bick* u.a., Hg., 1984; *Calließ/Lob*, Hg., 1987; *Kersberg* 1989; *Kruse* 1992; *Winkel* 1990 u.a.).

Als *Weiterführende Hinweise und Erfahrungen* fließen Erfahrungen aus dem o.g. Modellversuch mit ein. Es werden dabei Anregungen gegeben, die über das Spiel hinausgehen, wie beispielsweise Erkundungsvorschläge oder Projekte, Ausstellungen oder Theateraufführungen.

Für einige der Spiele erschien die Aufnahme einer gesonderten *Sachinformation* geeignet, um auf sachliche Hintergründe aufmerksam zu machen.

Literaturhinweise unter dem jeweiligen Spiel betreffen primäre wie sekundäre Quellen und Schriften, die das betreffende Spiel - wenn auch in anderer Form - aufgreifen.

3.2 Spiele zur Erfahrung im Gelände

Naturerfahrungsspiele sollten sinnvollerweise in einer Umgebung gespielt werden, in der Natur wenigstens noch teilweise erhalten ist. Daher ist die Auswahl des Spielgeländes im Hinblick auf das Thema des Spiels von großer Bedeutung. Entscheidend für den Spielort im Freien ist allerdings nicht allein das Erreichen des mit einem bestimmten Spiel verbundenen Zieles. Im Mittelpunkt sollte immer das zentrale gemeinsame Anliegen aller dieser Spiele im Rahmen der Umwelterziehung stehen: mit allen Sinnen die Natur erleben, ihre Erscheinungen unmittelbar beobachten und verstehen lernen und sein Verhalten entsprechend darauf einrichten.

Dieses handelnde Erleben vor Ort kann durch keine Ersatzsituation im Raum erreicht werden. Diese Umgebung innerhalb einer „gebauten Umwelt" sollte daher nur für bestimmte Spiele oder Spielphasen oder bei ungünstiger Witterung gewählt werden. Solche Phasen des Spiels sind etwa das Sortieren und Zuordnen gesammelter Naturobjekte und das Gestalten mit Naturmaterialien, die Diskussion von Beobachtungen und Erlebnissen oder weiterführende Erklärungen. Aber auch hier sollten, wenn eben möglich, Situationen im Freien gesucht und genutzt werden. Zu den auch im Raum möglichen Spielen siehe Kap. 3.3 und die entsprechenden Hinweise in den Informationskästen der Spielbeschreibungen („Spielort").
Zum „Gelände" gehört unter dem Aspekt der Umwelterziehung natürlich auch die mit Siedlungen und Verkehrs- oder Versorgungseinrichtungen gebaute Umwelt, etwa die „Stadtlandschaft". Hier können - auch als Ergänzung zu landschaftsökologischen Untersuchungen - wichtige Erfahrungen und Einsichten in stadtökologische Themen gewonnen werden. Da diese aber im Ansatz einen sehr viel stärkeren kognitiven und entsprechend geringeren spielerischen Charakter haben, werden sie in diesem Buch ausgeklammert (vgl. *Kersberg* 1989, 1991, 1993).

3.2.1 Spiele zur Sensibilisierung

Die im folgenden aufgeführten Beispiele (Seiten 24 bis 58) sind weniger auf Erkenntnisse bestimmter Naturphänomene als auf elementare und vielschichtige Sensibilisierungen gegenüber den vielfältigen Naturerscheinungen ausgerichtet. Sie werden daher hier von solchen Spielen unterschieden, die stärker auf Einsichten in bestimmte Naturphänomene zielen (s. Kapitel 3.2.2, Seite 59 bis 74).

Suchspiel

Altersgruppe: Kinder und Jugendliche
Gruppengröße: bis etwa 20
Dauer: etwa 1 Stunde
Spielort: möglichst naturnahes Gelände, auch Stadtpark o.ä.
Inhalt: mit Hilfe der Suchliste Dinge in der Natur beobachten, entdecken, zuordnen und bewerten
Materialien: Suchlisten (Anzahl entsprechend der Gruppengröße, vgl. Anlage), Stoffbeutel oder Jutetaschen zum Transport der Gegenstände, ggf. kleine Dosen oder Pappschachteln zum Transport empfindlicher Fundstücke

Spielbeschreibung

Suchgruppen von zwei bis vier Kindern sollen die auf einer Suchliste angegebenen natürlichen und unnatürlichen Gegenstände finden. Unter den natürlichen Dingen sollen nur solche gesammelt werden, die unbeschädigt wieder in die Natur zurückgebracht werden können. Nach Ablauf einer vereinbarten Zeit (etwa 20 Minuten) treffen sich die Kinder in einem Kreis, stellen ihre Funde vor, tauschen ihre Erlebnisse aus und ordnen die gesuchten Gegenstände den Kategorien der Suchliste zu.

Varianten

Die Kinder bekommen eine Suchliste mit 20 - 30 Gegenständen.

a) Sie können selber entscheiden, welche der aufgeführten Gegenstände sie suchen und mitbringen möchten.

b) Es werden - je nach der örtlichen Situation und der verfügbaren Zeit - nur bestimmte Gegenstände (Ziffern) vereinbart.

Absicht

- Natürliche und unnatürliche Dinge in der Natur unterscheiden lernen,
- Formen und Eigenschaften von Dingen in der Natur wahrnehmen und zuordnen können,
- den Wert unscheinbarer und scheinbar nutzloser Dinge in der Natur erkennen können,
- erkennen, daß nichts in der Natur unwichtig oder funktionslos ist.

Die gesammelten Gegenstände sind ein Anlaß zur Diskussion kausaler Zusammenhänge (natürliche Kreisläufe, Eingriffe des Menschen in den Naturhaushalt, Abfallverwertung u.a.).

Weiterführende Hinweise und Erfahrungen

Die Auswertung sollte unmittelbar nach dem Spiel und - wenn möglich - direkt draußen erfolgen.

Dabei kann die Zuordnung der gesuchten Gegenstände zu den Kategorien der Suchliste auch mit Hilfe von Zetteln oder Karten geschehen, auf denen z.B. „Etwas Weiches“ oder „Etwas Rundes“ etc. steht.

Die natürlichen Gegenstände sollen in der Natur verbleiben, sofern sie nicht weiterverwendet werden (siehe: „Gestalten mit Naturmaterialien"). Lebende Pflanzen und Kleintiere sollten auf jeden Fall an den jeweiligen Fundort zurückgebracht werden (Achtung des Lebens!).

Die Suchliste kann entsprechend dem Alter und Interesse der Kinder und der Geländesituation inhaltlich verändert, verkürzt oder ergänzt werden. So können auch auf die jeweilige Jahreszeit abgestimmte oder standortgebundene Listen erstellt werden (in der Anlage werden vier Vorschläge aufgeführt).

Das Suchspiel eignet sich besonders gut als erste Erkundung eines Geländes und als Einstieg zu weiteren Naturerfahrungsspielen oder gemeinsamer Naturerkundung im Gelände.

Das Suchspiel kann auch mit einer Geschichte eingeleitet werden, die die Kinder am Schluß mit einem Suchauftrag in das Gelände entläßt. So können die Kinder in die Rolle von „Umweltdetektiven" schlüpfen, die den Auftrag bekommen haben, bestimmte Dinge auf der Suchliste aufzuspüren. Variante: die Kinder sind „Außerirdische", die auf dem Planeten Erde gelandet sind, um die auf einer Suchliste aufgeführten Dinge mit zu ihrem Heimatplaneten zu bringen.

Anmerkung

zu einigen Kategorien der Suchliste:
- „Ein natürlicher Wärmespeicher" -> ist alles, was Sonnenenergie speichert: z.B. Wasser, Steine, Pflanzen, Tiere.
- „Etwas Natürliches, das nutzlos ist" -> alles in der Natur hat eine Funktion, es gibt nichts „Nutzloses" (an Beispielen diskutieren).
- „Etwas, was für die Natur wichtig ist" -> alles in der Natur ist wichtig.

Anlage

Suchlisten (Beispiele)
1) Naturnahe Wald- oder Parklandschaft
    a) lange Suchliste (28 Gegenstände)
    b) kurze Suchliste (15 Gegenstände)
2) Stadtlandschaft/Schulumgebung
3) Meeresstrand

Literatur

Cornell 1979, Thielemann, 1992,
Schulbiologie-Zentrum Hannover, 1991

Sammle nur Gegenstände, die du ohne Beschädigung sicher zurückbringen kannst!

SUCHLISTE

Sammle nur Gegenstände, die du ohne Beschädigung sicher zurückbringen kannst!

1. Etwas Schönes
2. Zwei unterschiedliche natürliche Dinge
3. Etwas Rauhes
4. Einen natürlichen Wärmespeicher
5. Etwas Häßliches
6. Drei kleine Steine
7. Etwas Rotes aus der Natur
8. Das kleinste Teil, das du finden kannst
9. Etwas, was uns die Jahreszeit anzeigt
10. Etwas Fleckiges
11. Etwas, was deiner Haarfarbe ähnelt
12. Eine Feder
13. Etwas Rundes
14. Ein angeknabbertes Blatt (nicht von dir!)
15. Drei unterschiedliche Farbtöne aus der Natur
16. Hundert gleiche Dinge
17. Drei unterschiedliche Blattformen
18. Drei Samen
19. Etwas, was dich an dich selbst erinnert
20. Etwas Glattes
21. Etwas Flauschiges
22. Etwas, mit dem du ein Geräusch machen kannst
23. Etwas Weißes
24. Fünf von Menschen hinterlassene Abfälle
25. Etwas Scharfes
26. Etwas Natürliches, was nutzlos ist
27. Etwas, was vom Menschen geformt ist
28. Etwas, was für die Natur wichtig ist

Suchliste

1. Eine Feder
2. Drei Muscheln
3. Etwas Rundes
4. Fünf von Menschen hinterlassene Abfälle
5. Etwas Gerades
6. Etwas Glattes
7. Fünf verschieden große Steine
8. Ein Stück Strandgut
9. Ein Stück Obstschale
10. Etwas Flauschiges
11. Etwas Scharfes
12. Etwas Natürliches, was nutzlos ist
13. Etwas, was ein Geräusch macht
14. Etwas Weißes
15. Etwas, was für die Natur wichtig ist
16. Etwas Weiches
17. Einen natürlichen Wärmespeicher
18. Etwas, was durch die Kraft des Windes verändert wurde
19. Etwas, was durch die Kraft des Wassers (Meeres) verändert wurde

Sammle nur Gegenstände, die du ohne Beschädigung sicher zurückbringen kannst!

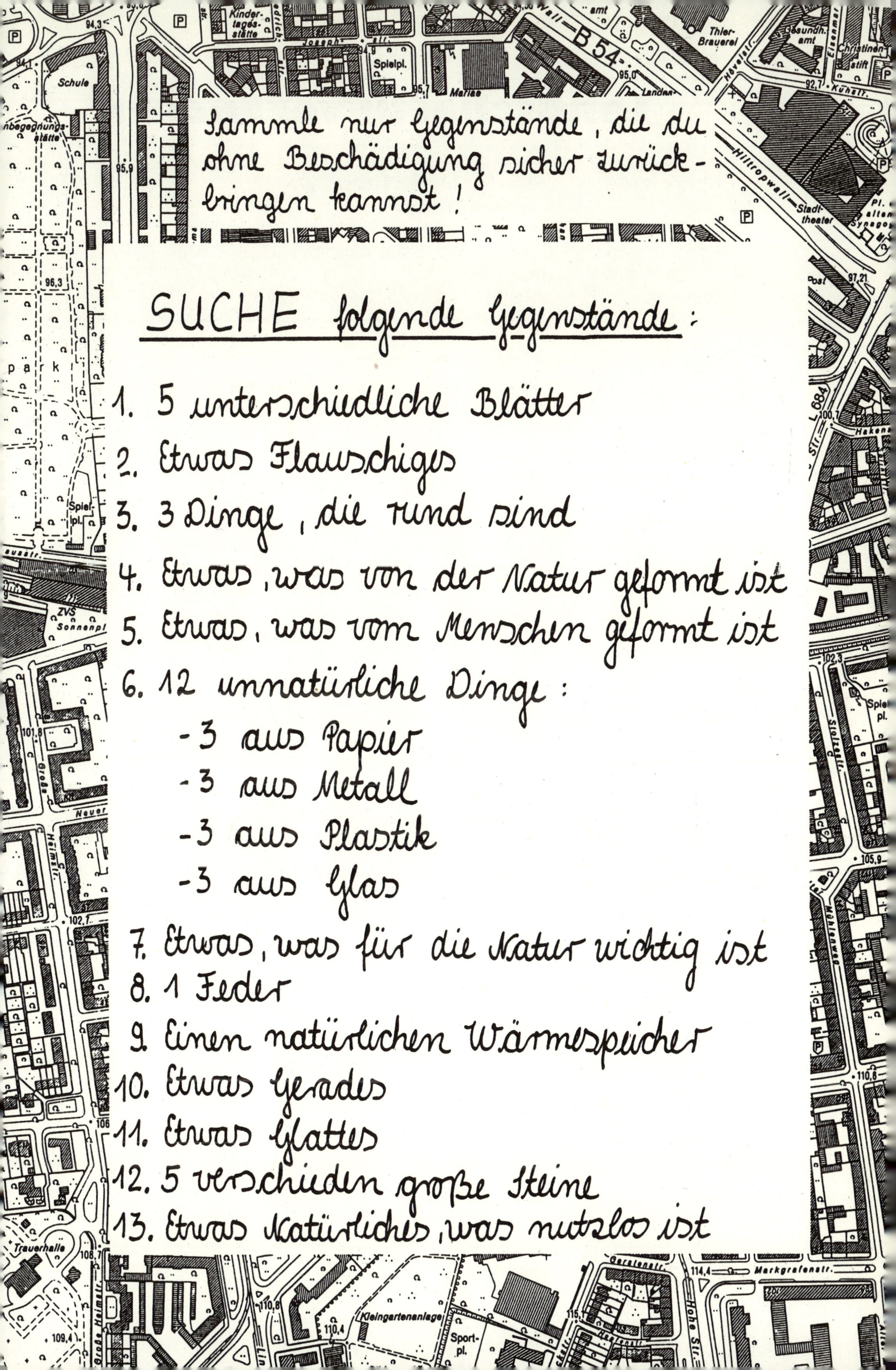

Sammle nur Gegenstände, die du ohne Beschädigung sicher zurückbringen kannst!

SUCHE folgende Gegenstände:

1. 5 unterschiedliche Blätter
2. Etwas Flauschiges
3. 3 Dinge, die rund sind
4. Etwas, was von der Natur geformt ist
5. Etwas, was vom Menschen geformt ist
6. 12 unnatürliche Dinge:
   - 3 aus Papier
   - 3 aus Metall
   - 3 aus Plastik
   - 3 aus Glas
7. Etwas, was für die Natur wichtig ist
8. 1 Feder
9. Einen natürlichen Wärmespeicher
10. Etwas Gerades
11. Etwas Glattes
12. 5 verschieden große Steine
13. Etwas Natürliches, was nutzlos ist

„Landschaft“ verändern

Altersgruppe: Kinder und Jugendliche
Gruppengröße: 6 bis etwa 20 (auch Klassenstärke)
Dauer: etwa eine halbe Stunde
Spielort: möglichst naturnahes Gelände, z.B. Laubwald
Inhalt: in einem umgrenzten Stück „Landschaft" Dinge genau beobachten
Materialien: zwei Seile, ggf. auch Garn (je 15-20 m)

Spielbeschreibung

Es werden zwei Gruppen gebildet, die jeweils ihr eigenes, selbst ausgewähltes und überschaubares Stückchen „Landschaft" betreuen (etwa 6 bis 12 qm). Dieses wird mit einem Seil umgrenzt. Nachdem sich die Gruppen ihr Areal genau eingeprägt haben (Bodenoberfläche, Blätter, Äste, Pflanzen, etc.), wechseln sie zu der „Landschaft" der Nachbargruppe, die inzwischen die gleichen Vorbereitungen getroffen hat. Nun verändern die Gruppen eine vorher festgelegte Anzahl von Strukturen innerhalb des Areals (etwa 3 bis 5): ein herabgefallener Ast wird anders gelegt, ein Stein wird „eingeschmuggelt", ein Farnwedel zeigt seine Unterseite, auf dem Buchenast sitzt ein Ahornblatt oder ein Fichtenzapfen...
Auf ein Zeichen kehrt eine Gruppe wieder zu ihrem Areal zurück und versucht, alle Veränderungen zu entdecken. Die Überprüfung geschieht im Beisein der anderen Gruppe. Anschließend wechseln beide Gruppen zu dem zweiten Areal.

Variante
Die Gruppe verteilt sich um das durch ein Seil abgegrenzte Gebiet. Alle schließen die Augen bis auf ein Kind, das etwas in dem abgegrenzten Gebiet verändert, entnimmt oder hinzufügt. Danach öffnen die anderen Kinder die Augen. Wer entdeckt, was verändert wurde, darf in der nächsten Runde „Täter/Täterin" sein.

Absicht

- Schulen des Beobachtungs- und Wahrnehmungsvermögens der Kinder - besonders im Hinblick auf Naturobjekte, die auf den ersten Blick unauffällig sind und sich in Farbe und Form nicht oder nur geringfügig von ihrer Umgebung abheben,
- Einsichten in Naturstrukturen gewinnen.

Weiterführende Hinweise und Erfahrungen

Die abgegrenzte „Landschaft" darf von der „Tätergruppe" nicht betreten werden, d.h.: alle Veränderungen müssen von außen - außerhalb der Abgrenzung - vorgenommen werden.
Es sollte vorher darauf hingewiesen werden, daß zum Zwecke der Veränderung keine Zweige abgebrochen oder Pflanzen ausgerissen werden dürfen: kein Leben darf Schaden nehmen!
Das Spiel wird erschwert, wenn die Areale unterschiedliche Strukturen aufweisen. So fallen etwa der „Waldgruppe" die Veränderungen der „Wiesengruppe" weniger schnell auf und umgekehrt.
Es dürfen auch unnatürliche Gegenstände eingebracht werden, die anschließend aber wieder eingesammelt werden müssen. Alle Naturgegenstände sollen nach dem Spiel wieder an ihren ursprünglichen Standort zurückgebracht werden.
Das Spiel nimmt zuweilen Wettspielcharakter an, dieser sollte aber die Freude am spielerischen Umgang mit der Natur nicht überdecken.

Literatur

Cornell 1979, Institut für Ökologische Forschung und Blildung e.V., Hrsg., 1988[4], Hübner o.J.

Laute kartieren

Altersgruppe:	Kinder und Jugendliche
Gruppengröße:	10 bis 20 (auch Klassenstärke)
Dauer:	etwa eine halbe Stunde
Spielort:	in freier Natur: lichter Laubwald (Buchenhochwald), Gelände mit Heckenstrukturen, auch anderswo
Inhalt:	auf einer Karte die Laute der Umgebung eintragen
Materialien:	Pappkarten (etwa Postkartengröße), Schreibstifte

Spielbeschreibung

Nachdem die Kinder je eine Pappkarte und einen Stift erhalten haben, verteilen sie sich einzeln auf Rufweite im Gelände. Sie suchen sich eine Stelle, die sie schön finden und an der sie allein sind, um konzentriert Geräusche und Laute aufnehmen zu können. Auf der Pappkarte wird der eigene Standort (in der Mitte) markiert. Die Kinder sollen nun eine gewisse Zeit (etwa 10 bis 15 Minuten) ganz ruhig sein und mit geschlossenen Augen lauschen, wer oder was bestimmte Geräusche oder Laute verursacht und aus welcher Richtung diese kommen. Dies soll auf der Karte eingetragen werden. So entsteht ein „Geräuschbild" der Umgebung. Nach Ablauf der vereinbarten Zeit bzw. nach einem Lockruf sammeln sich alle Kinder im Kreis, tauschen ihre Erfahrungen aus und stellen ihre Lautkarten vor.

Variante:
Statt die Lautkarten mündlich zu erläutern, können die Geräusche der Lautkarte von den Kindern auch spielerisch dargestellt werden.

Absicht

- Situationen schaffen, die Stille in einer natürlichen Umgebung zu erleben,
- auf die Vielfalt wohltuender oder störender Geräusche achten und zwischen Naturgeräuschen und Zivilisationslärm unterscheiden können,
- die Geräuschquellen räumlich einordnen können,
- Schulen der Konzentrations- und Wahrnehmungsfähigkeit.

Weiterführende Hinweise und Erfahrungen

Erfolgt das Hören mit geschlossenen Augen, können sich die Kinder besser auf die Geräusche konzentrieren.
Kriterien zur Auswertung: Was war das zarteste, das lauteste Geräusch, welches das angenehmste bzw. unangenehmste Geräusch? Welche Darstellungsformen (Zeichnung, Symbol) wurden für die Geräusche gewählt? Wie sieht die Kartierung aus (die Bilddarstellung ist kreisförmig: wir hören vor, hinter und seitlich von uns)?

Aus den Lautkarten kann ein Wandfries gestaltet und in der Klasse bzw. im Schullandheim aufgehängt werden.
Das Spiel „Laute kartieren" kann ggf. auch in einer städtischen Landschaft (Schulumgebung) durchgeführt werden. Vorteilhaft ist ein Vergleich beider Situationen.

Literatur

Klenk/Jenchen 1990, Hübner o.J., Cornell 1991

Ein Beispiel:

Auf der Rückseite notieren: Name, Ort, Datum und Tageszeit

Blinde Karawane

Altersgruppe:	Kinder und Jugendliche
Gruppengröße:	8 bis 12 (auch Klassenstärke)
Dauer:	etwa eine Viertelstunde
Spielort:	in möglichst abwechslungsreichem Gelände
Inhalt:	mit verbundenen Augen auf einer vorgegebenen Strecke unterschiedliches Gelände erkunden und erfahren
Materialien:	Augenbinden, ggf. Seil oder Schnur (50 bis 100 m lang)

Spielbeschreibung

Alle Kinder bekommen die Augen verbunden und stellen sich so hintereinander auf, daß sie die Hände auf die Schultern des Kindes vor ihnen legen können. Die Spielleiterin / der Spielleiter ist der „sehende Kopf" der blinden Karawane und führt die Kinder beispielsweise durch einen Waldbereich, dessen Untergrund möglichst abwechslungsreich beschaffen ist (z.B. leichte Neigungen abwärts und aufwärts, Laubstreu, Nadelstreu, Sandboden, Steine etc.). Es soll nicht gesprochen werden, so daß durch Horchen, Riechen und Tasten möglichst viele Erscheinungsformen der unmittelbaren Umgebung erfaßt werden. Nach dem Entfernen der Augenbinden werden Gedanken und Erlebnisse beim Durchschreiten der Natur mit geschlossenen Augen im Kreis ausgetauscht. Die Kinder versuchen nun, die gleiche Route sehend wiederzufinden.

Varianten

- „Blinde Barfußraupe": Das oben beschriebene Spiel kann auch ohne Schuhe, d.h. barfuß, durchgeführt werden. Die Tasterfahrungen sind dabei wesentlich intensiver.
- Die Kinder tasten sich - statt einander anzufassen - entlang eines langen Seiles (etwa 50 bis 100 m) durch den Wald. Das Seil wird vorher von der Spielleiterin / dem Spielleiter auf der ausgewählten Strecke an Baumstämmen befestigt (keine Nägel verwenden!). Es kann dabei abwechselnd hoch über den Kopf oder dicht am Boden bzw. in Körperhöhe an bestimmte Stellen herangeführt werden. Knoten können darauf aufmerksam machen, daß an dieser Stelle etwas besonderes durch Tasten, Hören oder Riechen zu erkunden ist. Beispiele: Pilze, Moospolster, Fichtenzapfen, Baumrinde, Geruch von Walderde, Harz, Blüten, knakkende Äste, raschelndes Laub, Steine (rauh oder glatt), frische und trockene Blätter etc.

Absicht

- Aufgrund der vielfältigen Sinneswahrnehmungen ohne Zuhilfenahme der Augen soll dieses Spiel für das Erleben von Naturstrukturen in einem besonderem Maße sensibilisieren.
- Das tastende Gehen mit dem Anfassen des Vorhergehenden soll das Vertrauen der Kinder zueinander stärken, sie sind in der „Karawane" aufeinander angewiesen.

Weiterführende Hinweise und Erfahrungen

Die Spielleiterin / der Spielleiter muß den Weg gut vorbereiten und vorhandene Hindernisse aus dem Weg räumen.

Ist die Gruppe zu groß für eine Karawane, sollten zwei Gruppen hintereinander durch das Gelände ziehen.

Ein „Naturerlebnispfad" (barfuß und mit verbundenen Augen) kann auch selbst hergestellt und vorbereitet werden - sowohl für den Raum als auch z.B. für das Schullandheimgelände, den Schulhof oder die nähere Schulumgebung (vgl. Kap. 5).

Literatur

Cornell 1979, Unterbrunner 1986, Trommer 1988, Schulbiologie - Zentrum Hannover 1991

Begegnung mit einem Baum

Altersgruppe:	Kinder und Jugendliche
Gruppengröße:	10 bis 20 (auch Klassenstärke)
Dauer:	etwa eine Viertelstunde
Spielort:	Wald oder Park
Inhalt:	mit verbundenen Augen tastend einen Baum kennenlernen und anschließend sehend wiedererkennen
Materialien:	Augenbinden

Spielbeschreibung

Die Kinder finden sich in Zweiergruppen zusammen. Ein Kind bekommt die Augen verbunden und wird von dem anderen Kind mit absichtlichen Umwegen und Richtungsveränderungen zu einem Baum geführt. Das geführte Kind soll den Baum durch Ertasten kennenlernen und sich seine typischen Merkmale einprägen. Hilfreiche Impulse: Umfasse den Baum mit deinen Armen, fühle die Oberfläche der Rinde, kannst du Verletzungen am Baum feststellen, wachsen Pflanzen am Stamm, sind Äste erreichbar usw.

Das Kind wird über Umwege zum Ausgangspunkt zurückgeführt und soll nun den Baum ohne Augenbinde wiederfinden. Danach wechseln die Partner.

Im Kreisgespräch berichten die Kinder über ihre Empfindungen und Erfahrungen und darüber, woran sie ihren Baum wiedererkannt haben.

Absicht

- Fördern der haptischen Wahrnehmungsfähigkeit: mit allen Sinnen die Natur erfahren,
- Bäume als Individuen begreifen: ein Wald ist eine Ansammlung individueller Bäume!
- der Partnerin bzw. dem Partner vertrauen.

Weiterführende Hinweise und Erfahrungen

Für dieses Spiel sollte ein Gelände ohne wertvolle Bodenvegetation ausgewählt werden.

Bei jüngeren Kindern sollten besonders Bäume mit auffälligen Merkmalen aufgesucht und die Entfernung begrenzt werden.

Tasterfahrungen können auch mit den Füßen auf einem „Naturerlebnispfad" gemacht werden, der barfuß und mit verbundenen Augen beschritten wird (vgl. Kap. 5). *Märtens/Nogli - Izadpanah (1992)* beschreiben einen Fingertastpfad mit Gräsern.

Literatur

Cornell 1979, Singeisen-Schneider 1989, Klenk/Jenchen u.a. 1989

Hände „be-greifen" Natur

Altersgruppe:	Kinder und Jugendliche
Gruppengröße:	10 bis 20 (auch Klassenstärke)
Dauer:	etwa eine halbe Stunde
Spielort:	in möglichst abwechslungsreichem Gelände
Inhalt:	mit verbundenen Augen Teile der Natur wahrnehmen
Materialien:	Augenbinden

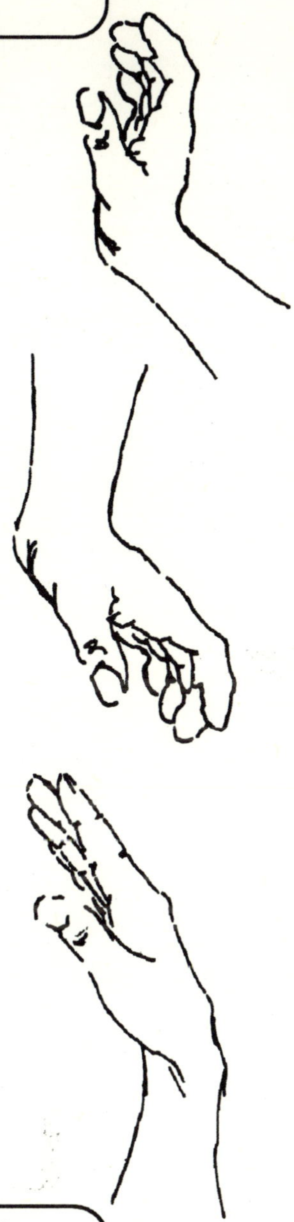

Spielbeschreibung

Die Kinder spielen paarweise zusammen. Das „sehende" Kind führt das Kind mit den verbundenen Augen zu verschiedenen Naturobjekten, die ihm interessant erscheinen. Dabei achtet es auf Baumstämme, niedrige Zweige und sonstige Hindernisse. Es läßt das andere Kind Gras fühlen (dabei muß es dessen Hand zum Gras hinführen), an Blumen riechen, Bäume tasten, über Baumstämme steigen, sich auf eine Bank setzen usw. Das geführte Kind soll mit Hilfe des Tast- und Geruchsinns beschreiben und erraten, um welchen Naturgegenstand es sich jeweils handelt. Dabei gibt das sehende Kind Hilfestellung (z. B.: Wie fühlt sich dieser Gegenstand an, kannst du etwas Besonderes an ihm entdecken?).

Zurück am Ausgangspunkt, sollen die Bereiche sehend wiedergefunden werden, die die Hände schon kennen. Danach werden die Rollen gewechselt. In der Gruppe wird über die Erfahrungen beim Ertasten, aber auch beim Führen und Geführtwerden gesprochen.

Absicht

- Über den Tastsinn Kontakt zur natürlichen Umwelt aufnehmen und die Umgebung „ohne Augen" sehen lernen: mit allen Sinnen die Natur erfahren!
- auf das Vertrauen zur Partnerin oder zum Partner angewiesen sein,
- sich selbst in einer völlig anderen Beziehung zur Natur erleben.

Weiterführende Hinweise und Erfahrungen

Spieldauer, Ausgangspunkt und Geländegrenzen werden vor dem Spiel festgelegt.

Das Spiel ist besonders geeignet als Einstieg zu weiteren Naturerfahrungsspielen.

Literatur

Cornell 1979, Unterbrunner 1986, Institut für ökologische Forschung und Bildung e.V., Hg., 1988[4], Schulbiologie - Zentrum Hannover 1991

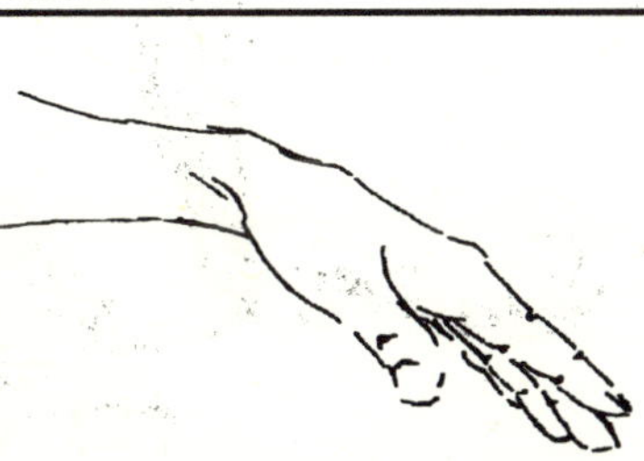

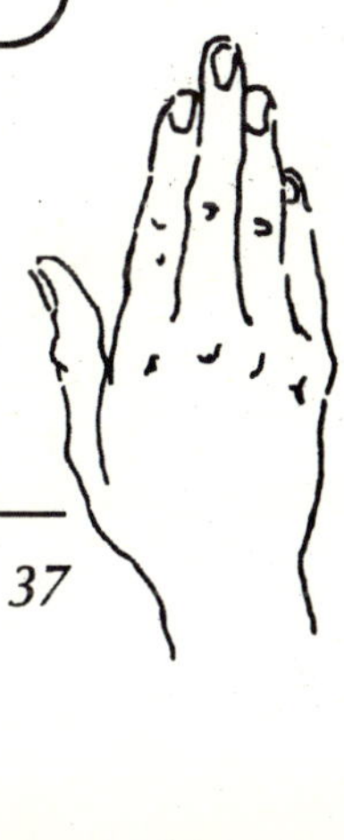

Natur-Memory

Altersgruppe:	Kinder und Vorschulkinder
Gruppengröße:	etwa 10 bis 20 (auch Klassenstärke)
Dauer:	etwa eine Viertelstunde
Spielort:	in möglichst abnwechslungsreichem Gelände (Wald)
Inhalt:	Einprägen und Suchen einer bestimmten Anzahl von Naturgegenständen
Materialien:	zwei Tücher oder ein Bettlaken, Naturgegenstände, evtl. Stoffbeutel

Spielbeschreibung

Vor dem Spiel sammelt der Spielleiter/die Spielleiterin - von den Kindern unbemerkt - etwa 5 bis 10 natürliche Gegenstände aus der Umgebung, die häufig vorkommen: Steine, Früchte, Blätter, Fruchthüllen, Rinde, Schnekkengehäuse, Federn u.a.. Sie werden zum Spielbeginn auf einem Tuch ausgebreitet und von einem zweiten bedeckt.

Vor den Augen der Kinder wird das Tuch etwa 10 Sekunden (oder auch länger) hochgehoben, so daß sich jedes Kind die Objekte einprägen kann. Die Kinder suchen nun in der näheren Umgebung nach gleichen Gegenständen. Nach etwa 5 Minuten versammeln sich die Kinder wieder um das Tuch. Der Spielleiter/die Spielleiterin holt die Gegenstände einzeln hervor und fragt, wer etwas Gleiches gefunden hat. Die Kinder zeigen ihre Fundstücke. Es sollte sich ein Gespräch über Namen, Bedeutung, Eigenschaften, Herkunft und ggf. Nutzen des Gegenstandes entwickeln.

Absicht

- Fordern der Wahrnehmungs- und Konzentrationsfähigkeit der Kinder durch Einprägen und Suchen von bestimmten Naturgegenständen.

Weiterführende Hinweise und Erfahrungen

Bei Vorschulkindern kann statt der kurzen Wahrnehmungszeit auch eine kurze Vorstellung von nur wenigen Objekten stattfinden.

Literatur

Cornell 1979, Hübner o.J., Schulbiologie - Zentrum Hannover 1991

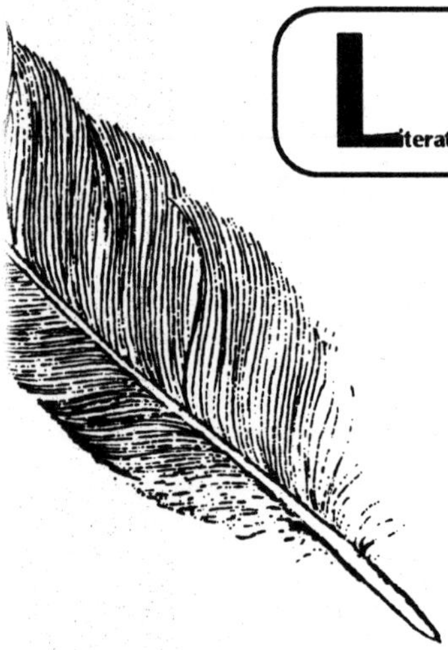

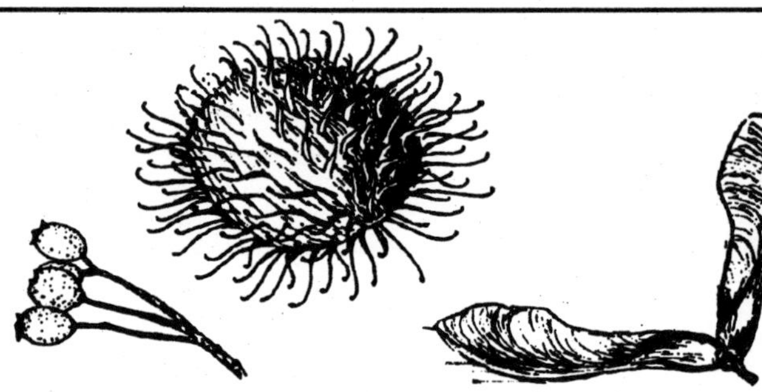

Natur im Rahmen

Altersgruppe:	Kinder und Jugendliche
Gruppengröße:	10 bis 20 (auch Klassenstärke)
Dauer:	etwa eine halbe Stunde
Spielort:	draußen, bei Regenwetter notfalls auch im Raum möglich
Inhalt:	bewußte Wahrnehmung und Betrachtung der Strukturen eines Laubblattes
Materialien:	doppelseitig geknickter Papp-Rahmen (vgl. Abbildung), je Kind ein Laubblatt, Lineal, Cut-Messer

Spielbeschreibung

Aus einer geknickten Karte wird ein Quadrat ausgeschnitten (vgl. Abbildung). Die Karte wirkt wie ein Diarahmen. Die Rahmen werden je nach Teilnehmerzahl numeriert. Die Kinder suchen sich einen flachen Naturgegenstand (etwa ein Laubblatt) aus, das nach ihrer Vorstellung besonders schön ist und klemmen es in den „Rahmen". Im Gegenlicht erscheinen die Strukturen des Blattes besonders eindrucksvoll. Im Kreis wird das jeweilige „Bild" intensiv betrachtet und auf Hinweis der Spielleiterin / des Spielleiters nach etwa 10 bis 20 Sekunden in einer Richtung weitergereicht, bis jede und jeder das eigene „Dia" wieder zurückerhalten hat.

1.

2.

Absicht

- Neue Aspekte des Wahrnehmens und Erlebens erfahren durch intensive Betrachtung von unterschiedlichen Kleinstrukturen und Farben.

Weiterführende Hinweise und Erfahrungen

Die Herstellung des Rahmens geschieht im Raum. Das Spiel kann so eingeleitet werden, daß die Kinder zu der bevorstehenden „Diashow" ein Laubblatt, das sie besonders schön finden, als „Eintrittskarte" suchen und mitbringen. Dieses wird dann als Diapositiv in den Rahmen gelegt.

Literatur

Naturschutzzentrum Hessen 1989

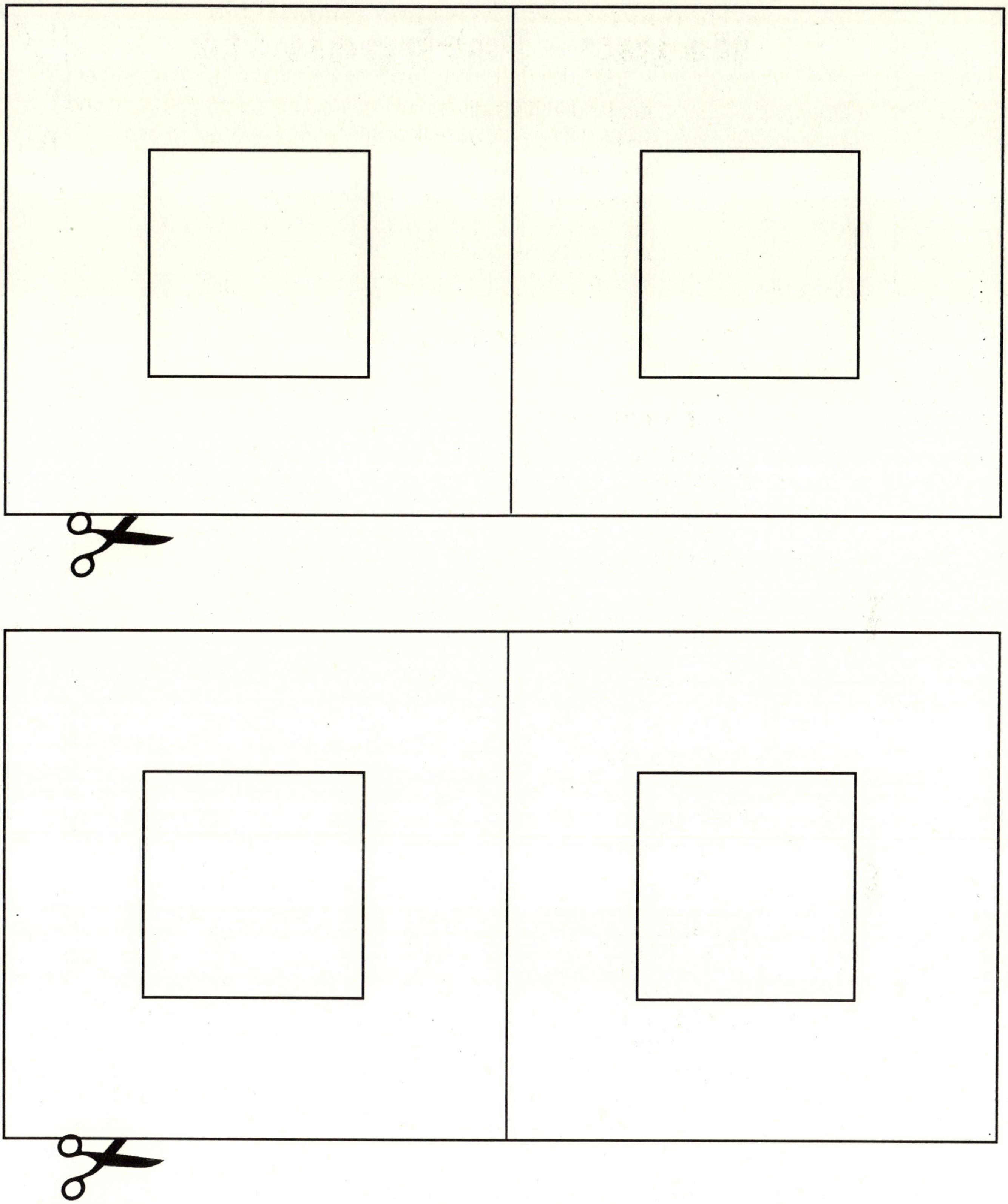

Originalgröße (kann auf Pappe kopiert werden)

Natur - Farbpalette

Altersgruppe:	Kinder und Jugendliche
Gruppengröße:	10 bis 15 (auch Klassenstärke)
Dauer:	etwa eine Viertelstunde
Spielort:	in möglichst abwechslungsreichem Gelände
Inhalt:	die Vielfalt der Farbtöne der Natur wahrnehmen und auf eine Palette auftragen
Materialien:	Karton (Größe DIN A 5 oder DIN A 4), aus dem von den Kindern eine Malerpalette ausgeschnitten wird, vgl. Abbildung, ggf. Klebestifte

Spielbeschreibung

Die Kinder gehen einzeln mit ihrer Palette ins Gelände und versuchen, verschiedene Farbtöne durch Naturmaterialien (Blätter, Früchte, Pflanzensäfte, Rinde, Erde,...) in die vorgegebenen Farbkreise zu reiben oder zu kleben. Es sollen möglichst viele unterschiedliche Farben aus der Natur gesammelt werden.

Varianten:

- Verschiedenfarbige Naturmaterialien werden in die vorgegebenen Farbkreise geklebt (Blätter, Federn, Wolle, ...).
- Möglichst viele verschiedene Nuancierungen eines bestimmten Farbtons sollen auf der Palette dargestellt werden (z.B. Grüntöne im Frühjahr, Braun- und Rottöne im Herbst).
- Mit den entdeckten Farben eine Farbkomposition oder ein Bild malen.

Absicht

- Wahrnehmen der Vielfalt unterschiedlicher Farbtöne in der Natur,
- Fördern von Phantasie und Kreativität.

Weiterführende Hinweise und Erfahrungen

Für die Farbgewinnung sollen möglichst wenige Naturmaterialien entnommen werden.

Ist die Zeit oder Gelegenheit nicht vorhanden, eine Farbpalette herzustellen, kann auch eine einfache Karte für das Sammeln der Farbtöne genommen werden.

Literatur

Naturschutzzentrum Hessen 1989, Hübner o.J.

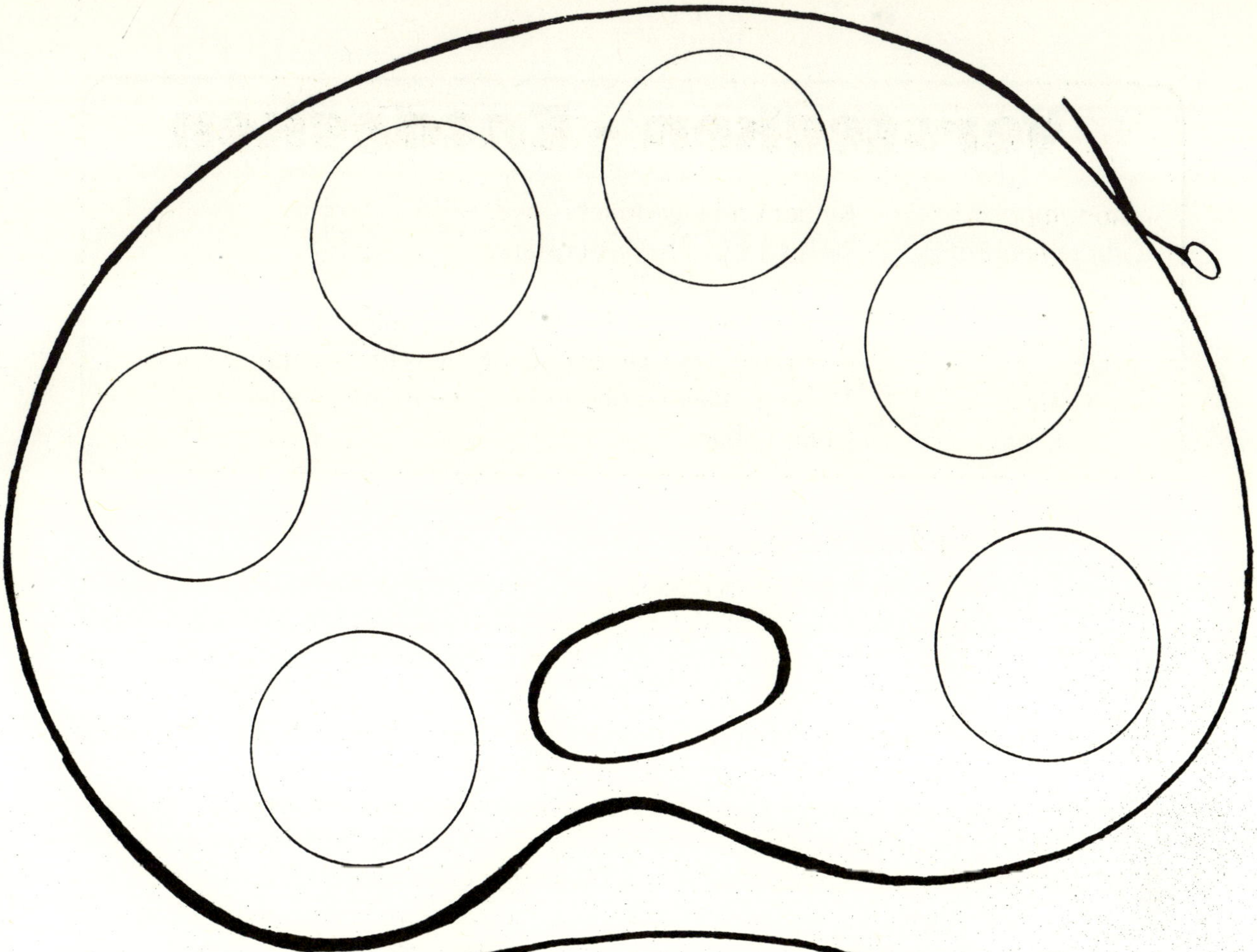

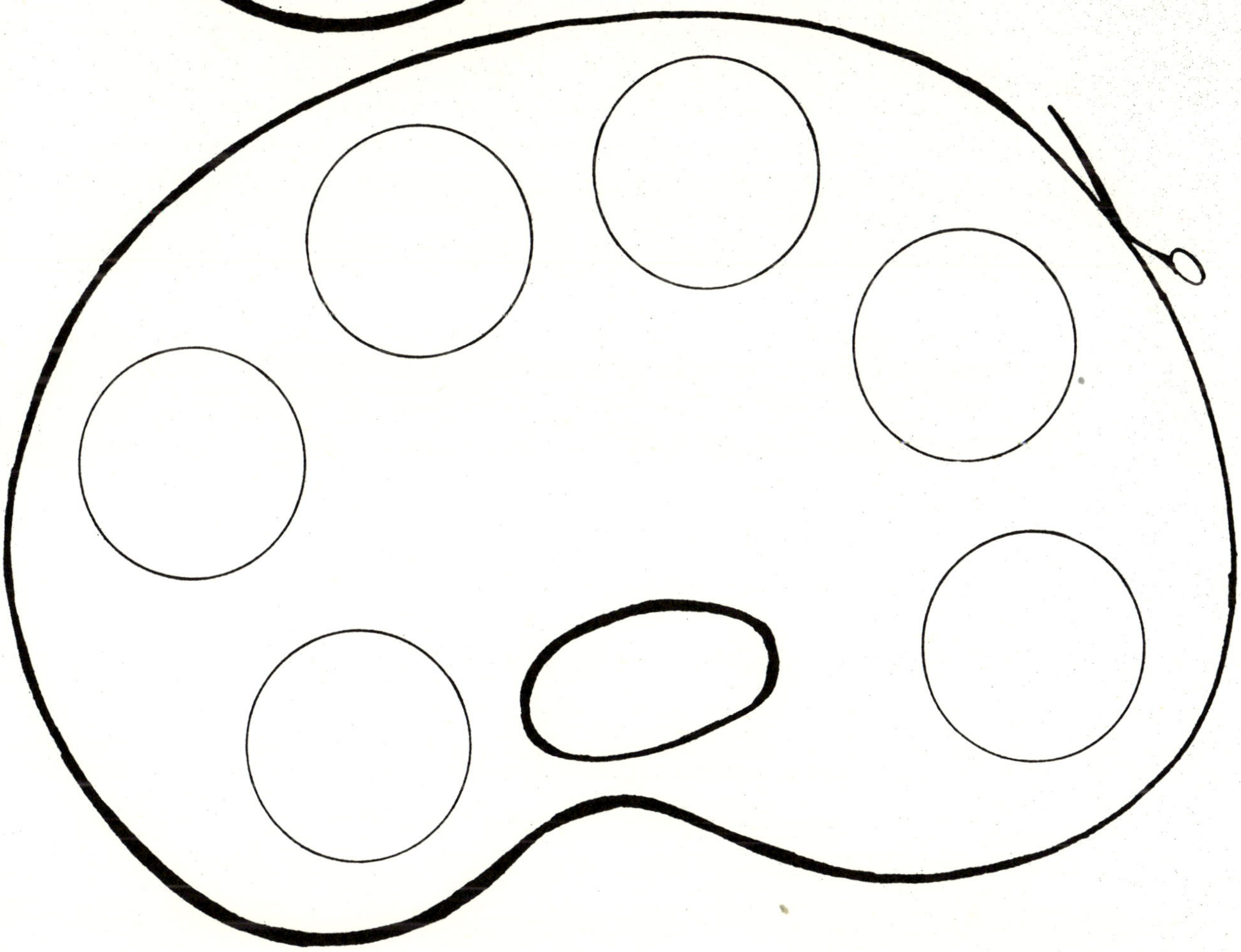

Originalgröße (kann auf Pappe kopiert werden)

Verstecken - Entdecken

Altersgruppe:	Kinder und Jugendliche
Gruppengröße:	10 bis 15 (auch Klassenstärke)
Dauer:	etwa eine halbe Stunde
Spielort:	im Wald entlang eines schmalen Pfades
Inhalt:	getarnte Gegenstände entlang eines Pfades finden
Materialien:	10 bis 20 kleine oder große Gegenstände jeglicher Art (auch eßbare)

Spielbeschreibung

Zu beiden Seiten eines Pfades durch einen lichten Wald wird in geringem Abstand (bis etwa drei Meter) auf einer abgesteckten Strecke von 15 bis 30 Schritten etwa ein Dutzend Gegenstände von der Spielleiterin/dem Spielleiter versteckt. Dies können beispielsweise verschiedene Früchte (z.B. Nüsse, Äpfel, Kirschen) oder Gemüse (z.B. Rettich, Kohlrabi) oder auch unnatürliche Gegenstände sein. Dabei werden diese so plaziert, daß sie sich durch ihre Farbgebung dem jeweiligen Standort (im Laub, im Gras, an Sträuchern oder Bäumen) gut anpassen. Die Spielleiterin/der Spielleiter merkt sich die Anzahl der ausgebrachten Gegenstände.

In Abständen von etwa 1-2 Metern gehen die Kinder einzeln und langsam den Pfad entlang und versuchen, möglichst viele der versteckten Gegenstände zu entdecken (ohne sie wegzunehmen). Sie merken sich die Anzahl der gefundenen Gegenstände und flüstern sie der Spielleiterin bzw. dem Spielleiter am Ende des Pfades ins Ohr. Sind nicht alle ausgebrachten Gegenstände gefunden worden, können die Kinder die Suche noch einmal wiederholen mit dem Hinweis, daß es noch mehr Dinge zu finden gibt. Abschließend werden alle versteckten Sachen gemeinsam eingesammelt, so daß jedes Kind erfährt, wo die nicht aufgefundenen Gegenstände versteckt waren. Das Spiel wird beendet mit einem Gespräch darüber, warum einige Gegenstände leicht, andere nur schwer ausfindig zu machen waren. Dabei bereitet der Verzehr der Früchte und des Gemüses ein geschmackliches Erlebnis.

Absicht

- Lernen, genau hinzuschauen, gut zu beobachten, sich zu konzentrieren,
- die Bedeutung von Tarnfarben und -formen (etwa für Tiere) erkennnen.

Weiterführende Hinweise und Erfahrungen

Die Gegenstände können auch entlang *einer* Seite eines Weges ausgelegt werden.

Die Kinder sollen möglichst nicht vom Pfad in den Bereich treten, in dem die Gegenstände versteckt sind, da sonst Veränderungen möglich sind. Ggf. kann die Grenze des Pfades mit einem Seil markiert werden.

Den Kindern bereitet es besonders viel Spaß, die eßbaren Früchte und Gemüse nach Spielende zu verzehren. Deshalb sollte darauf geachtet werden, daß genügend Früchte oder Gemüse für jedes Kind vorhanden sind bzw. ein Taschenmesser zum Teilen mitgenommen wird.
Das Spiel eignet sich auf einer Wanderung als Übergang zu einer Pause, in der etwas verzehrt werden soll.
„Verstecken-entdecken" kann nach dem gleichen Prinzip auch mit farbigen künstlichen Gegenständen durchgeführt werden.

Literatur

Cornell 1979, Unterbruner 1986

Naturbetrachtung mit dem „Fernglas“

Altersgruppe:	Kinder (auch Vorschulkinder)
Gruppengröße:	bis 25 (auch Klassenstärke)
Dauer:	5 bis 10 Minuten (zusätzlich etwa 15 Minuten basteln)
Spielort:	draußen: z.B. unter einem großen alten Baum
Inhalt:	genaues Beobachten einzelner Naturausschnitte mit einer „Sehhilfe“
Materialien:	leere Küchen- oder Toilettenpapierrollen, Flaschen korken, Farben, Scheren, Kleister, Transparentpapier (rot, gelb, blau), Umhängeschnur

Spielbeschreibung

Bastelanleitung:
Zwei Papierrollen können bemalt und anschließend aneinandergeklebt werden. Dabei kann auch ein Korken zwischen beide Rollen geklebt bzw. geheftet werden, um den Augenabstand zu wahren. Durch jede Rolle wird ein kleines Loch gestochen, um eine Umhängeschnur befestigen zu können.

Durchführung:
Das „Fernglas“ wird gezielt eingesetzt, um einen Naturausschnitt, z.B. die Äste eines Baumes, detailliert zu betrachten. Als Diskussionsanlaß eignet sich ein Baum, der vorher gemeinsam betrachtet wird. Die Kinder machen sich gegenseitig auf Besonderheiten aufmerksam und stellen sie der Gruppe vor.

Varianten:
- Im Wald kann sich jedes Kind seinen eigenen Baum aussuchen und genau beobachten, ihn mit anderen Bäumen vergleichen, Besonderheiten und Unterschiede herausstellen. Das Fernglas kann auch auf andere Elemente gerichtet werden, die gerade interessant erscheinen. Der genau betrachtete Baum oder andere Gegenstand kann später auch gemalt werden.
- Farbiges Transparentpapier, das über eine Rollenöffnung gestülpt und mit Hilfe von Gummibändern befestigt und auch wieder abgenommen werden kann, zeigt die „Umwelt“ in einem anderen Licht und verfremdet die natürlichen Farben. Wird das Transparentpapier wieder abgenommem, wird eindrucksvoll deutlich, wie vielfältig und leuchtend die Farben der Natur wirklich sind.
- Es wird ein Suchspiel inszeniert, indem das Foto oder die Zeichnung eines bestimmten Baumes an Kleingruppen (etwa 3 Kinder) ausgeteilt wird. Der Standort des Baumes ist in unmittelbarer Nähe. Die Kinder machen sich mit dem „Fernglas“ auf die Suche...

- Die Kinder schreiben bzw. zeichnen einen Steckbrief eines Baumes ihrer Wahl. Die Steckbriefe werden ausgetauscht und die entsprechenden Bäume gesucht. In der Abschlußbesprechung werden die Ergebnisse vorgestellt und die Steckbriefe auf ihre Aussagekraft hin vor Ort überprüft.

Absicht

- Erkennen, daß wir viel sehen, aber nur wenig wahrnehmen. Mit Hilfe des Fernglases wird nur ein sehr begrenzter Ausschnitt der sonst wahrgenommenen Wirklichkeit gesehen. Durch diese Beschränkung des Blickwinkels wird die Sinneserfahrung über die Augen konzentriert und daher stärker als mit dem Weitwinkel-Blick ins Bewußtsein gehoben.

Weiterführende Hinweise und Erfahrungen

Als Vereinfachung kann statt eines „Fernglases" kann auch ein „Fernrohr" für ein Auge benutzt werden.
Das Fernglas oder Fernrohr kann zum ständigen Begleiter der Kinder bei Unternehmungen in freier Natur werden.
Zu Beginn des Fernglas-Einsatzes kann eine Vorübung durchgeführt werden: Ein Auge wird durch einen ausgestreckten Arm mit dem Zeigefinger auf bestimmte Elemente gelenkt; das andere Auge bleibt geschlossen.
Wenn keine Papprollen verfügbar sind, kann eine „Guckröhre" durch beide Hände gebildet werden!

Literatur

Literaturhinweise: Seitz 1985, Hoenisch/Niggemeyer 1986

Was klingt denn da?

Altersgruppe:	Kinder (auch Vorschulkinder)
Gruppengröße:	10 bis 25 (auch Klassenstärke)
Dauer:	etwa eine halbe Stunde
Spielort:	möglichst vielseitiges Gelände in freier Natur, auch im Raum möglich
Inhalt:	durch intensives Hinhören Klangunterschiede und -abstufungen wahrnehmen und zuordnen
Materialien:	undurchsichtige Dosen (z.B. Filmdöschen) mit Markierungen (Farb-, Zahl- oder Buchstabenmarkierungen)

Spielbeschreibung

Die Kinder bilden Zweiergruppen und erhalten einen Arbeitsauftrag: Naturmaterialien suchen, mit denen sich in einer kleinen Dose Geräusche erzeugen lassen (z.B. Sand, Kies, Haselnüsse, Bucheckern, Fichtennadeln usw.). Die Kinder füllen in je zwei Dosen gleiches Material in gleicher Menge ein. Jeweils ein Dosenpaar hat dieselbe Markierung unter dem Boden der Dose), um Verwechslungen auszuschließen: Zahlen, Buchstaben oder Farben (Vorschulkinder). Am vereinbarten Treffpunkt oder zurück im Haus werden alle Dosen gründlich gemischt und zusammen aufgestellt. Nun beginnt das Memory-Spiel: nacheinander „zieht" jedes Kind eine Dose, schüttelt sie und sucht das passende Gegenstück mit dem gleichen Geräusch.

Varianten:

- Zusätzlich soll geraten werden, welches Material in der Dose den jeweiligen Klang erzeugt.
- Statt des „Memory-Spiels" kann auch eine Lautstärken-Reihe der Geräusche erstellt werden. 5 bis 10 undurchsichtige Döschen werden mit verschieden klingenden Materialien gefüllt. Je nach Material und Menge klingen sie unterschiedlich laut (Zucker, Bohnen, Weizen, Wasser...). Die Spielleiterin bzw. der Spielleiter schüttelt die Dosen einzeln. Die Kinder diskutieren, entscheiden und bestimmen, an welche Stelle der Skala von Laut nach Leise das jeweilige Döschen seinen Platz hat.
- Die Gruppen werden aufgefordert, Materialien in der Natur zu suchen, die keine Geräusche erzeugen (z.B. Federn, Samen von Löwenzahn etc.).
- Die Gruppen werden angeregt, bei *einer* Art von Naturmaterialien verschiedenartige Geräusche festzustellen (z.B. frische Blätter oder trokkene Blätter, Früchte in verschiedenen Zuständen).

Absicht

- Wahrnehmen, erkennen und zuordnen von Klangunterschieden und Intensitätsabstufungen bei Naturmaterialien,
- Schulen des Hörsinns.

Sachinformationen und weiterführende Hinweise

Das Ohr ist ein bemerkenswertes Sinnesorgan. Während wir die Augen während des Schlafes schließen können, gibt es für die Ohren keinen natürlichen „Absteller". Sie sind im Grunde genommen Tag und Nacht offen und hör- und empfangsbereit.

Jedem Sinnesorgan wird ein Sinn zugeordnet; der Gehörsinn (das Hören) vermittelt über das Ohr die Wahrnehmung von „Schall". Luftschwingungen, die wir hören können, bezeichnet man als Schall.

Höhe und Tiefe unterscheiden sich durch Zahl der Schwingungen in der Sekunde. Die Schwingungszahl oder Frequenz wird in Hertz (Hz) angegeben.

Das Ohr ist ein doppeltes Sinnesorgan: Im Innenohr befindet sich auch das Gleichgewichtsorgan. Das Hören ist wiederum in mehrfacher Hinsicht ein Doppelsinn: Die Wahrnehmung von Geräuschen verweist es in die Gruppe der Sinnesorgane, die die Umwelt wahrnehmen. Sprache und Musik sind jedoch Ausdruck der Menschenwelt. Damit stecken im Ohr zwei Tendenzen: Kenntnisse zu erlangen (von der Umwelt) und Erkenntnisse aus der Menschenwelt, aus der „geistigen" Welt (nach Winkel, 1989).

Die Schulung des Ohres sollte möglichst häufig geschehen. Die Tendenz sollte sein, dem Leisen, Feinen zuhören zu lernen und die Gefahr der Superlautstärke zu erkennen (vgl. auch Kapitel 3.3.2 Erfahren von Stille).

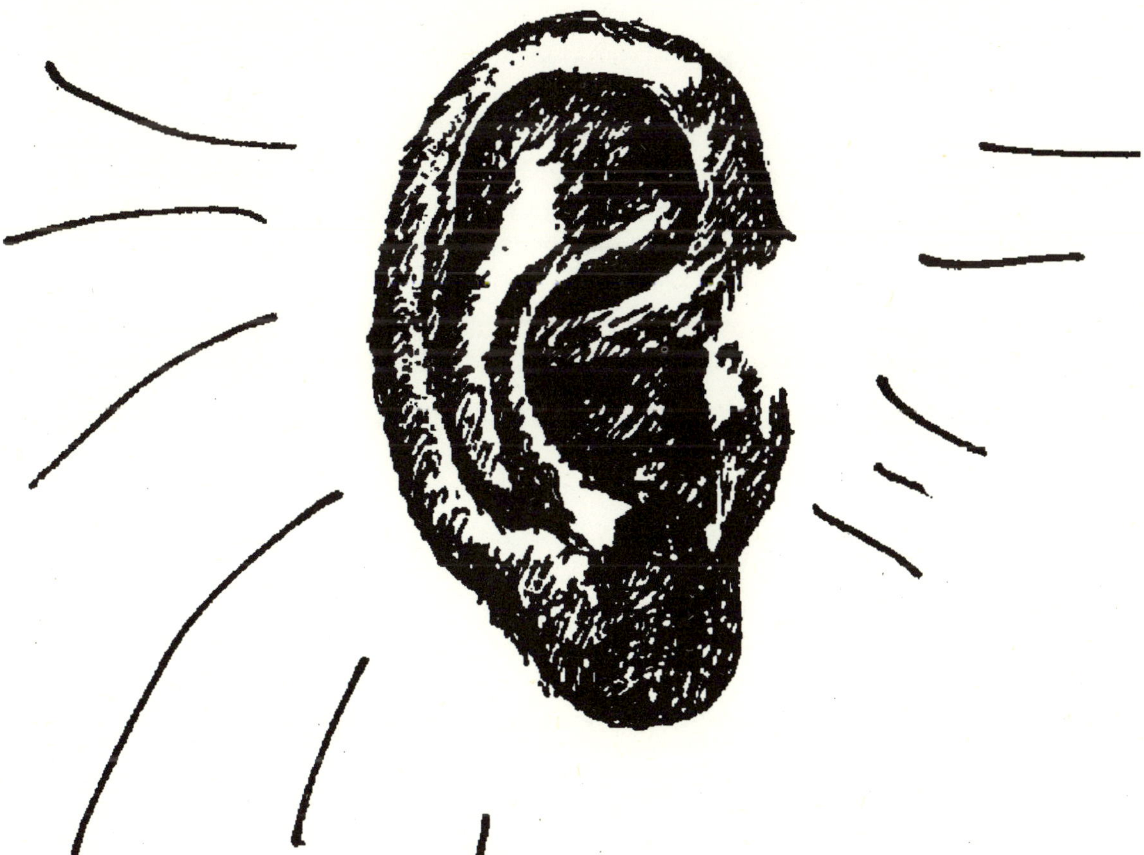

Fledermaus und Nachtfalter

(nach Cornell)

Altersgruppe: Kinder und Jugendliche
Gruppengröße: 10 bis 30 (Klassenstärke)
Dauer: 10 Minuten oder länger
Spielort: Wiese oder andere Freifläche, bei Regenwetter mit kleinen Gruppen auch in größerem Raum möglich
Inhalt: spielerisches Nachahmen des Beutefang-Prinzips bei Fledermäusen
Materialien: eine Augenbinde

Spielbeschreibung

Die Kinder bilden einen Kreis. Ein Kind übernimmt die Rolle der Fledermaus, stellt sich in den Kreis und bekommt die Augen verbunden. Mehrere Kinder (etwa zwei bis fünf) kommen hinzu, sie spielen „Nachtfalter". Aufgabe der Fledermaus ist es, die Nachtfalter mit verbundenen Augen zu fangen. Die Fledermaus orientiert sich durch Rufen und Hören. Jedesmal, wenn die Fledermaus „Fledermaus" ruft, antworten die Nachtfalter mit „Falter" oder „Motte" und versuchen, der Fledermaus zu entkommen. Die Fledermaus orientiert sich an der Rufrichtung und versucht, ihre Beute zu fangen. Die den Kreis bildenden Kinder stellen Bäume dar. Sie rufen „Baum", wenn sie irrtümlich von der Fledermaus berührt werden. Das Spiel ist beendet, wenn alle Nachtfalter gefangen, d.h. durch Anschlagen aus dem Kreis ausgeschieden sind.
Je nach Spielsituation kann auch gewechselt werden, wenn nur ein Nachtfalter gefangen wurde. Möglichst alle Kinder sollten einmal Nachtfalter und/oder Fledermaus spielen können.

Variante:
Die Nachtfalter antworten mit anderen akustischen Zeichen, z.B. durch Anschlagen von zwei Hölzern oder Steinen, durch einen Flöten- oder Pfeifton.

Absicht

- Einblick in das Beutejagen und in die Orientierungsmöglichkeiten von Fledermäusen bei Nacht gewähren,
- Fördern der auditiven Wahrnehmungs- und Orientierungsfähigkeit.

Weiterführende Hinweise und Erfahrungen

Bei jüngeren Kindern oder sehr unruhigen Situationen sollten die „Nachtfalter" ruhig auf ihrem Platz stehen bleiben.

Um Verletzungen zu vermeiden, sollte der Untergrund möglichst eben sein.
Das Prinzip der Echoorientierung wird häufig erst bei der Besprechung nach dem ersten Durchgang erkannt. Dann erst sehen die den Kreis bildenden Kinder ein, daß sie still sein müssen.
„Fledermaus und Nachtfalter" ist auch als Spiel am Abend geeignet, etwa nach einer Beobachtung von Fledermäusen. Es können danach Bilder (Poster) oder andere Medien eingesetzt werden.

Weiterführende Diskussion:
Vergleiche mit Orientierungsformen bei anderen Tieren (z.B. Zugvögel, Brieftauben).
Das Spiel eignet sich auch als Bewegungsspiel nach einer ruhigeren Arbeitsphase.

Sachinformationen

Wie Fledermäuse ihre Beute finden: das Prinzip der Echoorientierung
Fledermäuse sind „Nachttiere", d.h. sie fliegen in der Dämmerung und Dunkelheit auf Nahrungsuche. Sie ernähren sich u. a. von Nachtfaltern und Mücken. Da Fledermäuse nachts nicht gut sehen können, haben sie eine andere Fähigkeit entwickelt, sich räumlich zu orientieren. Sie senden sehr hohe Laute aus (Ultraschallschreie), die das menschliche Gehör nicht mehr wahrnehmen kann (30.000 - 110.000 Hertz; das menschliche Ohr kann Frequenzen bis etwa 15.000 Hertz wahrnehmen).
Diese Ultraschallwellen prallen von jedem festen Gegenstand zurück zum Ohr der Fledermaus; sie „empfängt" (hört) das Echo und kann so ihre Beutetiere genau lokalisieren und fangen, aber auch Hindernisse (Bäume, Drähte u.a.) erkennen.

Ein Rätsel

Welches Tier fliegt mit den Händen,
sieht mit den Ohren
und schläft mit den Füßen an der Decke?

Literatur

Cornell, 1979

Eulen und Krähen

(nach Cornell)

Altersgruppe: Kinder
Gruppengröße: 20 bis 30 (Klassenstärke)
Dauer: etwa eine Viertelstunde
Spielort: draußen, bei Regenwetter auch in genügend großem Raum möglich
Inhalt: Erkennen von wahren und falschen Aussagen zu Naturerscheinungen
Materialien: keine

Spielbeschreibung

Vor Spielbeginn wird ein großes Spielfeld abgesteckt (etwa 5 x 20 m). Es werden zwei Gruppen gebildet: die Gruppe der Eulen und die Gruppe der Krähen. Beide Gruppen stellen sich jeweils einen Schritt hinter der Mittellinie in zwei Reihen einander gegenüber auf. Nun ruft die Spielleiterin/der Spielleiter richtige oder falsche Aussagen zu Tieren, Pflanzen oder zu sonstigen Naturerscheinungen. Sie/er kann z.B. behaupten: Die Fledermaus ist ein Vogel, ein Buchenblatt hat 3 Spitzen, eine Eichenrinde ist glatt, eine Kastanienfrucht ist rot, die Fichte ist ein Laubbaum etc.
Der Schwierigkeitsgrad der Aussagen wird auf das Alter der Kinder abgestimmt.
Ist die Aussage richtig, jagen die Eulen die Krähen und versuchen sie zu fangen, bevor die Krähen sich hinter der „Auslinie" des Spielfeldes in Sicherheit gebracht haben. Die gefangenen Krähen werden zu Eulen und wechseln die Gruppe. Ist die Aussage falsch, fangen die Krähen die Eulen.

Absicht

- Unterscheiden von richtigen und falschen Aussagen zu Naturerscheinungen: schnelle Reaktion,
- neu gelernte Begriffe oder Zusammenhänge in der Natur an konkreten Beispielen üben.

Weiterführende Hinweise und Erfahrungen

Dieses Spiel eignet sich besonders als Bewegungsspiel nach einer ruhigen Arbeitsphase.
Die Aussagen sollten klar und eindeutig formuliert werden. Es ist ratsam, die Aussagen vorher zu überlegen und ggf. zu notieren.

Literatur

Cornell 1979, Naturschutzzentrum Hessen 1989, umweltlernen 4/91

Jagd der Tiere

	(nach Cornell)
Altersgruppe:	Kinder
Gruppengröße:	10 bis 25 (auch Klassenstärke)
Dauer:	etwa eine halbe Stunde
Spielort:	Wald oder entsprechendes Gelände mit vielfältigen Versteckmöglichkeiten
Inhalt:	das Prinzip von Beutetier und Beutegreifer spielerisch erleben
Materialien:	geräuscherzeugende Materialien aus der Natur

Spielbeschreibung

Die Gruppe wird in „Beutetiere" und „Beutegreifer" eingeteilt, dazu werden je Greifer 6 oder mehr Beutetiere ausgewählt. Jedes Beutetier hat ein lauterzeugendes Instrument (z.B. Hölzer, die es selbst gesucht hat).
Vor Beginn des Spiels haben die Beutetiere etwa fünf Minuten Zeit, sich auf einem abgegrenzten Spielfeld zu verstecken. Nach einem vereinbarten Zeichen müssen sich die Beutetiere in einem Intervall von etwa 30 Sekunden (zählen!) durch einen Laut mit ihrem Instrument bemerkbar machen. Die Beutegreifer müssen die Beute finden und durch Berühren abschlagen. Die Beutetiere dürfen den Platz während des Spiels nicht verlassen. Ist ein Beutetier „geschlagen", übernimmt es die Rolle des Beutegreifers und geht auf Jagd. Das Spiel ist beendet, wenn alle Beutetiere gefangen sind.

Absicht

- Die Gesetzmäßigkeiten der Natur (Fangen und Gefangenwerden) selbst erleben,
- Lokalisieren der „Beute" aufgrund eines Geräusches,
- die Umgebung unter dem Aspekt der Versteckmöglichkeiten überprüfen,
- Naturmaterialien unter dem Aspekt der Lauterzeugung erfahren.

Literatur

Cornell 1979

Anschleichspiel

Altersgruppe:	Kinder und Jugendliche
Gruppengröße:	10 bis 20 (auch Klassenstärke)
Dauer:	etwa eine Viertelstunde
Spielort:	draußen, evtl. auch im Raum möglich
Inhalt:	Geräusche wahrnehmen, Geräusche vermeiden
Materialien:	Augenbinde

Spielbeschreibung

Die Kinder bilden einen Kreis. Einem Kind werden die Augen verbunden. Es steht in der Mitte und übernimmt die Rolle eines Wildtieres (Frosch, Maus, Eichhörnchen etc.).

Die Kinder im Kreis möchten das Tier genauer beobachten, deshalb wollen sie es vorübergehend fangen.

Ein Kind wird ausgewählt, das die Aufgabe hat, sich leise und vorsichtig an das Tier in der Mitte anzuschleichen. Hört das Kind in der Mitte den „Anschleicher", muß es in dessen Richtung zeigen: der anschleichende Beutegreifer ist entdeckt und das Beutetier „gerettet". Das Kind, das angeschlichen ist, stellt sich nun in die Mitte und das Spiel beginnt von neuem.

Absicht

- Erkennen der Notwendigkeit und des Sinns von vorsichtigem und leisem Verhalten im Lebensraum von Tieren,
- Einüben von ruhigem und rücksichtsvollem Verhalten im Lebensraum von Tieren.

Weiterführende Hinweise und Erfahrungen

Das Anschleichspiel ist geeignet als Vorbereitung für eine Tierbeobachtung im Gelände (Gewässeruntersuchung, Erkundung anderer Lebensräume).

Das Spielprinzip ist beliebig abwandelbar mit verschiedenen Tieren bzw. anderen Absichten (vgl. auch „Umwelt-SoKo im nächtlichen Einsatz").

Literatur

Naturschutzzentrum NRW 1990

Umwelt-SoKo im nächtlichen Einsatz

Altersgruppe:	Kinder und Jugendliche
Gruppengröße:	10 bis 15 (auch Klassenstärke)
Dauer:	etwa eine Viertelstunde
Spielort:	in der Dämmerung oder nachts, möglichst auf einem „knackenden" Waldboden, abgewandelt auch im Raum möglich
Inhalt:	Geräusche vermeiden, Geräusche wahrnehmen
Materialien:	Taschenlampe, Augenbinden

Spielbeschreibung

Viele Umweltsünden geschehen bei Nacht. Eine Umwelt-*So*nder-*Ko*mmission ist beauftragt worden, die Vergehen aufzuklären. Die Kinder teilen sich in zwei Gruppen auf. Die Umweltsünder (Gruppe 1) stehen mit Sonnenbrille (verbundene Augen) in der Mitte eines etwa 15 x 5 m großen abgesteckten Feldes. Start und Ziel werden am Boden markiert.
Einzeln versuchen die Mitglieder der Umwelt-SoKo (Gruppe 2), sich geräuschlos an die Umweltsünder heranzuschleichen, um sie der Tat zu überführen. Hören die Umweltsünder ein Geräusch, dann leuchtet der Anführer oder die Anführerin mit der Taschenlampe gezielt dorthin (die Taschenlampe darf nicht herumgeschwenkt werden!). Trifft der Lichtstrahl das jeweilige Mitglied der Umwelt-SoKo, das sich gerade bewegt und das Geräusch verursacht hat, so muß dieses wieder an den Start zurück und scheidet aus. Jedes Mitglied der SoKo darf nur einmal auf „Tätersuche" gehen. Haben die Polizisten der SoKo einen Umweltsünder erreicht, ist das Umweltvergehen aufgedeckt. Die Rollen können nun getauscht werden.

Absicht

- Üben einer Sinneswahrnehmung (Hören): aus einer Geräuschkulisse einzelne Geräusche oder Laute heraushören,
- versuchen, sich vorsichtig und geräuschlos zu bewegen.

Weiterführende Hinweise und Erfahrungen

Hintergrund zu diesem Spiel kann ein von den Kindern selbst aufgedecktes Umweltvergehen sein (vgl. auch Variante des Spiels „Auf Spurensuche").

Camera natura

Altersgruppe:	Kinder und Jugendliche
Gruppengröße:	4 bis 20 (auch Klassenstärke)
Dauer:	etwa eine halbe Stunde
Spielort:	draußen
Inhalt:	selektives Sehen und Erleben von Natur durch spielerische Nachahmung des Fotografierens
Materialien:	keine

Spielbeschreibung

In diesem Spiel, das die Kinder paarweise durchführen, spielt ein Kind die „Kamera", das andere den „Fotografen" bzw. die Fotografin. Das fotografierende Kind steht hinter dem, das die Kamera spielt, und verdeckt ihm mit seinen Händen die Augen. In dieser Position wird die „Kamera" zu verschiedenen Standorten und Motiven geführt. Die Kamera wird „eingestellt", d.h. das Gesicht des Kindes wird in die entsprechende Blickrichtung ausgerichtet. Nun werden die Augen des Kindes für einen kurzen Moment für ein Foto freigegeben. Diese „Aufnahme" kann eine Blume, ein Stein, eine Baumkrone, der Himmel, ein schöner Ausblick etc. sein.
Wieder zum Ausgangspunkt zurückgelangt, werden die Bilder „entwikkelt", d.h. die Kamera beschreibt die aufgenommenen Gegenstände und Motive. Anschließend werden die Rollen gewechselt.

Absicht

- Das Spiel lebt von der gezielten Auswahl des Objekts und der Verfremdung der Perspektive, die sich durch das Schließen der Augen und das kurze Freigeben des Blicks ergeben. Das Wahrnehmungsfeld ist begrenzt, so daß die aufgenommenen Objekte wie in einem Rahmen erscheinen und die Intensität der wahrgenommenen Bilder gesteigert wird.
- Beim „Entwickeln" der Bilder üben sich die Kinder in der sprachlichen Darstellung der wahrgenommenen Naturobjekte und der Auswahl von Motiven.

Weiterführende Hinweise und Erfahrungen

Je nach Alter der Kinder sollte der Partnerwechsel nach etwa zwei bis fünf „Fotografien" stattfinden. Die Anzahl der Bilder bzw. Eindrücke darf nicht zu groß sein, damit sich die „Kamera" an alles erinnern und die Eindrücke auch richtig wiedergeben kann.
Bevor die „Kamera" ihre Augen öffnet, kann ihr gesagt werden, ob sie sich - je nach Motiv - auf Nahsehen oder Fernsehen einstellen soll, damit das Bild die richtige „Tiefenschärfe" hat.
Statt dem Kamera-Kind mit den Händen die Augen zu verdecken, kann es auch geführt werden. Dann muß es die Augen schließen. Das verabredete

Zeichen zum Öffnen und Schließen der Augen kann sein: Berührung der Schulter mit der ganzen Hand, sanftes Zupfen am Ohrläppchen o.ä.

Literatur

Unterbruner 1986, Hübner o.J., Naturschutzzentrum HESSEN 1989, Cornell 1991

Schnüffelnder Hund

Altersgruppe:	Kinder (auch Vorschulkinder)
Gruppengröße:	bis etwa 15
Dauer:	etwa eine halbe Stunde
Spielort:	in freier Natur, bei Regenwetter auch im Raum möglich
Inhalt:	aus verschiedenen Düften, die miteinander in Beziehung stehen, einen fremden Duft „erschnüffeln"
Materialien:	Augenbinden

Spielbeschreibung

Naturgemäß markieren Hunde ihr Revier durch eine spezifische Duftmarke. Das Schnüffeln ermöglicht ihnen die Orientierung. Menschen machen sich diese Eigenschaft der Hunde zunutze, indem sie sie auf bestimmte Gerüche abrichten (z.B. Lawinenhunde, Fahndungshunde, Jagdhunde).
In diesem Spiel soll aus einem Angebot miteinander in Beziehung stehender Duftquellen ein fremder Duft „erschnüffelt" werden: zwischen Duftproben verschiedener Obstsorten befindet sich z.B. Fichten- oder Kiefernharz oder zwischen Düften verschiedener Blütenpflanzen befindet sich ein Teebeutel. (Weitere Duftvorschläge vgl. Materialien zu: „Was duftet denn da?", Kap.3.3.1) Der fremde Duft kann verschiedene Bedeutungen haben: Spur eines Umweltsünders, Diebesgut, Lawinenopfer.

Die Kinder bilden Zweiergruppen. Einem Kind werden die Augen verbunden. Das sehende Kind führt diesen „schnüffelnden Hund" entlang einer vorgegebenen Strecke. Dabei stehen an etwa 5 Stationen je ein Teller mit *einer* Duftquelle, die von den „Hunden" erkannt und benannt werden soll. Zwischen diesen unterschiedlichen Düften befindet sich ein Duft, der nicht in diese „Duftgruppe" paßt (s.o.). Am Ende des Spiels nennen und beschreiben die „schnüffelnden Hunde" mit eigenen Worten die wahrgenommenen Düfte und erkennen den fremden Duft. Dieser Duft identifiziert den Täter, das Diebesgut oder das Opfer.
Danach werden die Rollen getauscht.

Absicht

- Wahrnehmen eines fremden Duftes innerhalb miteinander in Beziehung stehender Düfte,
- Erkennen und Zuordnen von unterschiedlichen Düften,
- Erweitern der geruchlichen Wahrnehmung,
- Verbalisieren von Geruchseindrücken.

Baumwurzel

Altersgruppe:	Kinder und Jugendliche (auch Vorschulkinder)
Gruppengröße:	10 bis 20 (auch Klassenstärke)
Dauer:	5 bis 10 Minuten
Spielort:	um einen freistehenden älteren Laubbaum
Inhalt:	Dimension der Größe einer Baumwurzel mit einem Kreis darstellen
Materialien:	keine

Spielbeschreibung

Die Kinder fassen sich an und bilden einen Kreis um den Baumstamm, schauen nach oben in das Kronendach und gehen dann solange nach außen, bis der Kreis mit den äußeren Ästen des Baumes auf einer Höhe ist. Dies ist die Reichweite des Wurzelwerkes, das sich in der Tiefe des Bodens in ähnlichem Ausmaß ausweitet wie das Kronendach oben.

Absicht

- Erkennen, daß der Baum nicht mit dem Fuß des Baumstammes zu Ende ist (wie häufig auf Zeichnungen von Kindern, aber auch Erwachsenen, zu sehen ist), sondern daß ein reich verzweigtes Wurzelwerk genauso zum Baum gehört wie das Laubdach,
- die Dimensionen einer Baumwurzel als schutzbedürftigen Lebensraum des Baumes verstehen lernen.

Weiterführende Hinweise und Erfahrungen

Das Spiel eignet sich als Einstieg in eine Unterrichtsreihe zum Thema „Wald" (als Biotop oder Lebensgemeinschaft) oder „Bäume und Baumschutz".

Auf Spurensuche

Altersgruppe:	Kinder und Jugendliche
Gruppengröße:	10 bis 20 (auch Klassenstärke)
Dauer:	etwa eine halbe Stunde
Spielort:	Wald o. a. Lebensräume
Inhalt:	durch die Suche nach Spuren die Natur als Lebensraum für Tiere erleben
Materialien:	Stöcke oder Stäbe, Papp- oder Textilstreifen

Spielbeschreibung

In diesem Partnerspiel erhalten je zwei Kinder einige Markierungsstäbe, an denen Papp- oder Textilstreifen zur Kennzeichnung befestigt sind. Mit den Stäben gehen sie auf die Suche nach Spuren, die auf Tiere im Wald schließen lassen, die nicht jederzeit zu sehen sind. Die entdeckte Spur wird mit dem Stab markiert.

Nach Ablauf einer festgelegten Zeitspanne (ca. 10 Minuten) sammeln sich die Kinder an einem vereinbarten Ort. Ähnlich einer kleinen Exkursion werden die markierten Fundorte von der Gruppe gemeinsam aufgesucht. Alle Kinder versuchen, die Tierspuren und deren Verursacher zu deuten. Die Funktion der Spielleiterin bzw. des Spielleiters sollte beratend sein (ggf. mit Hilfe von Abbildungen und Erläuterungen). Gespräche über das Zusammenwirken von Lebensgemeinschaften sollen sich anschließen.

Varianten:

- Je nach Alter und Vorwissen der Kinder können die Arbeitsanweisungen zu den Beobachtungen differenzierter formuliert werden. So können z.B. Besonderheiten entdeckt und diese als Folge einer veränderten Naturerscheinung erklärt werden.
- Auch Menschen hinterlassen Spuren.
- Die Spurensuche kann auch unter dem Aspekt „Umweltsünden" durchgeführt werden, z.B. Aufspüren von wilden Müllkippen, Reifenspuren...

Absicht

- Wahrnehmen und Deuten von (Tier)Spuren im Wald,
- Erkennen und bewußt werden, daß der Wald in erster Linie ein Lebensraum für Pflanzen und Tiere ist.

Weiterführende Hinweise und Erfahrungen

Zur Deutung der Tierspuren eignet sich folgende Literatur:
Bang & Dahlström 1977, Hutter/Link 1990, Akademie für Lehrerfortbildung Dillingen 1991, Mönkemeyer 1991 u.a. Bestimmungsbücher.

Sachinformation

Der Wald ist Lebensraum für eine Vielzahl von Pflanzen und Tieren, die in einer Lebensgemeinschaft miteinander verbunden und oft in sensibler Weise voneinander abhängig sind.
Die Pflanzenwelt ist für die Kinder auf einer Wanderung meist unmittelbar erfahrbar. Schwieriger ist es, die Erkenntnis zu gewinnen, daß der Wald auch Lebensraum für eine Vielzahl von Tieren ist. Manche Tiere sind - bedingt durch Tagesrhythmus oder Scheu - seltener zu beobachten. Spuren zeugen von der Existenz dieser Tiere. So zeigen uns Trittspuren, Losungen, Schlupf- und Scharrlöcher auf dem Boden, Bruthöhlen, Nester, Gallen, Fraßspuren, Federn, Fellspuren oder Spinnennetze, welche Tiere im Ökosystem Wald leben (vgl. Abbildung).

Literatur

Pädagogisches Zentrum Bad Kreuznach 1989

Tierspuren/Fährten

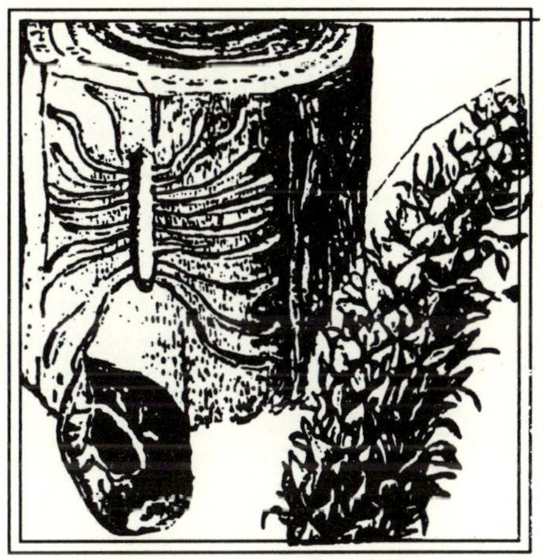

Fraßspuren

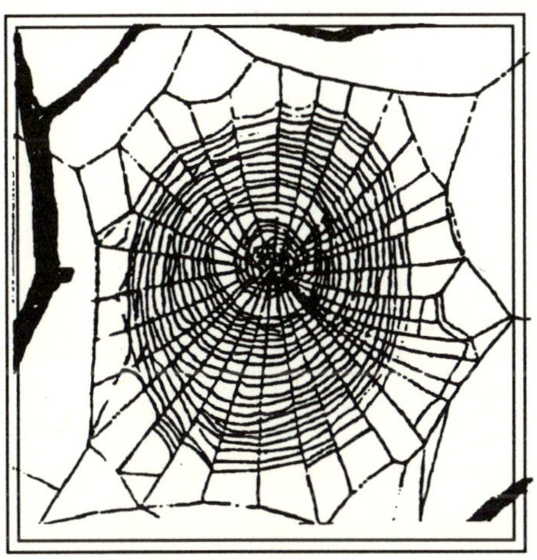

Spinnennetze

Tier-Losungen

Ameisenduftspiel

Altersgruppe: Kinder (auch Vorschulkinder)
Gruppengröße: bis etwa 30 (Klassenstärke)
Dauer: etwa eine Viertelstunde
Spielort: möglichst nahe eines Ameisenhügels, bei Regenwetter auch im Raum möglich
Inhalt: spielerisches Nachahmen der Verständigung von Ameisen über den Duft
Materialien: unterschiedliche Düfte für jede Wächterin (in Döschen oder Fläschchen; vgl. auch Materialien für „Was duftet denn da?"); gleiche Düfte und einige fremde Düfte für die Arbeiterinnen

Spielbeschreibung

Es werden zwei bis drei „Wächterinnen" bestimmt, die je einen Ameisenhaufen schützen. Jede Wächterin hat ihren ganz eigenen Duft. Sie trägt ihn in einem Duftdöschen oder Duftfläschchen bei sich. Die Augen der Wächterinnen werden verbunden.
Die übrigen Kinder sind „Arbeiterinnen" und bekommen ebenfalls Döschen mit den gleichen Düften wie die der Wächterinnen oder mit anderen (fremden) Duftstoffen. Dies wird aber nicht verraten.
Die Arbeiterinnen wollen nun in ihren Ameisenhügel gelangen; dazu lassen sie die Wächterinnen an ihrem Duft riechen. Die Wächterinnen entscheiden, ob die Arbeiterinnen genau wie sie duften und damit in den Haufen krabbeln dürfen, oder ob sie abgewiesen werden müssen, weil sie einen fremden Duft besitzen. Wenn die Wächterinnen vor lauter fremden Düften ihren eigenen vergessen haben, dürfen sie zur Kontrolle auch wieder an ihrem eigenen Duft riechen. Am Spielende wird überprüft, ob sich keine Ameise aus einem falschen Nest eingeschlichen hat.

Absicht

- Die Verständigungsmöglichkeiten der Ameisen erfahren und verstehen,
- Schulen der geruchlichen Wahrnehmung.

Weiterführende Hinweise und Erfahrungen

Die Düfte müssen für die Wächterinnen eindeutig unterscheidbar sein, daher sollten keine sehr ähnlichen Duftstoffe verteilt werden.
Es sollte darauf geachtet werden, daß die Behälter (Filmdöschen o.ä.) keinen Eigenduft abgeben, weil sich sonst der eingefüllte Duft verändern kann.

Literatur

BUNDjugend 1990

Sachinformation

Ameisen besiedeln zahlenmäßig die Erde so stark wie kaum eine andere Tiergruppe. Mehrere tausend Ameisen bilden einen Staat, der ein Ameisennest bevölkert. Es gibt Staaten mit bis zu 100.000 Mitgliedern.

Das Zusammenleben im Staat und die Orientierung werden überwiegend durch Duftstoffe (Pheromone) geregelt. Die Ameisenstraßen werden zum Beispiel durch Duftspuren markiert (bis zu hundert Metern vom Nest). Bei der Rückkehr in ihren Ameisenhaufen werden die Arbeiterinnen am Eingang von Wächterinnen auf ihren Duft überprüft. Damit soll verhindert werden, daß sich Ameisen aus einem fremden Ameisenvolk einschleichen (nach: Pädagogisches Zentrum Bad Kreuznach 1989).

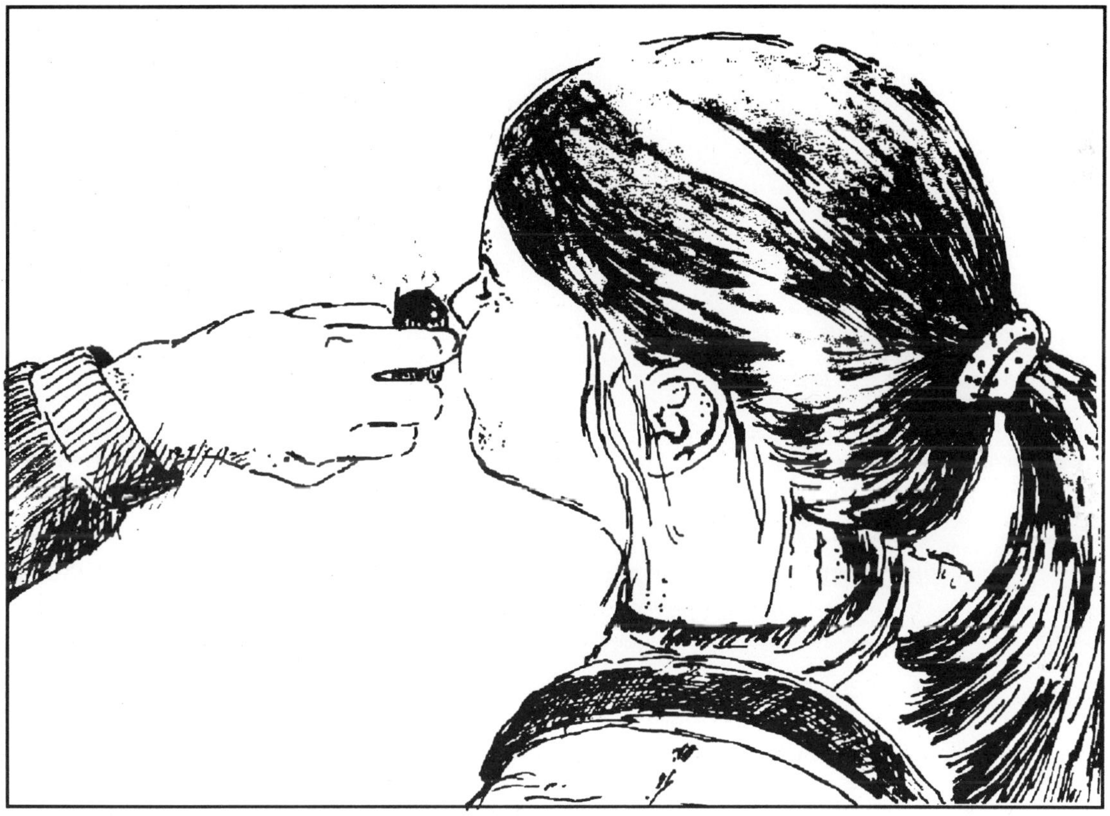

Wächterin: Du duftest wie wir und darfst eintreten!

Gespräch der Grillen

Altersgruppe:	Kinder
Gruppengröße:	10 bis 20 (auch Klassenstärke)
Dauer:	etwa eine Viertelstunde
Spielort:	auf einer Wiese, bei Regenwetter auch im Raum möglich
Inhalt:	Erkennen und spielerisches Nachahmen der Kommunikation von Grillen und Heuschrecken
Materialien:	Augenbinden für die Hälfte der Gruppe; Wellpappe

Spielbeschreibung

Die Kinder sollen möglichst weit auseinander verteilt stehen. Sie sollen sich vorstellen, mitten in einer Wiese zu sitzen, in der sie sich wegen des hohen Grases nicht sehen können. Die Hälfte der Kinder sind „Grillenweibchen". Sie bekommen die Augen verbunden. Die anderen Kinder sind „Grillenmännchen"; sie erhalten als Streichinstrument ein Stück Wellpappe oder Karton oder einen Gegenstand, mit dem sie ein dem Grillenzirpen ähnliches Geräusch erzeugen können.
Die Spielleiterin bzw. der Spielleiter geht leise zu einem Grillenmännchen und gibt diesem ein Zeichen. Es läßt kurz sein Instrument ertönen, indem es mit den Fingern über die Wellpappe streicht. Die Grillenweibchen tasten sich in Richtung des Tones vor. Sobald eines die zirpende Grille berührt, ertönt ein Gongschlag (oder ein anderes Zeichen). Das Grillenpärchen setzt sich außerhalb des Spielfeldes, und das nächste Grillenmännchen beginnt zu zirpen.

Absicht

- Erkennen, wie die Paarfindung bei Grillen und Heuschrecken abläuft,
- Schulen der Konzentrationsfähigkeit und des Lauschens.

Weiterführende Hinweise und Erfahrungen

Im Hochsommer kann das Spiel auf bzw. am Rande einer insektenreichen Wiese gespielt werden. Sonst sollte versucht werden, eine Musikkassette mit Naturlauten zur Einstimmung in das Spiel einzusetzen.
Grillen und Heuschrecken können in Verbindung mit dem Spiel in einer Becherlupe betrachtet werden.

Literatur

Singeisen - Schneider 1989

Sachinformation

Wie kommt das Zirpen der Heuschrecken und Grillen zustande?: *Feldgrillen* haben keine ausgesprochenen Sprungbeine, sie können aber schnell laufen. Schon ab Mai ertönt ihr charakteristisches Schrillen. Wie bei der großen *Laubheuschrecke,* dem „Heupferd", kommt das unermüdliche Zirpen der Männchen durch aneinander streichende Bewegungen der Deckflügel zustande. Hierbei „geigt" eine gekerbte Chitinleiste des einen Flügels über den scharfkantigen Rand des anderen Flügels. Das Trommelfell, ein ausgespanntes Häutchen, wird zum Schwingen gebracht und verstärkt den Ton. Die „Ohren" zum Empfang dieser Töne befinden sich bei Grillen und Laubheuschrecken am Unterschenkel in der Nähe des „Kniegelenks" der vorderen Beine. *Feldheuschrecken* haben im Unterschied zu Laubheuschrecken kurze Fühler. Sie benutzen ihre langen Sprungbeine und den Flügel zur Erzeugung ihres Gezirpes. Die Innenseite der Oberschenkel ist mit einer gekerbten Chitinleiste versehen, die über eine vorspringende Leiste des Flügels streicht. Die „Ohren" der Feldheuschrecken befinden sich am Hinterleib (nach *Kelle* 1963).

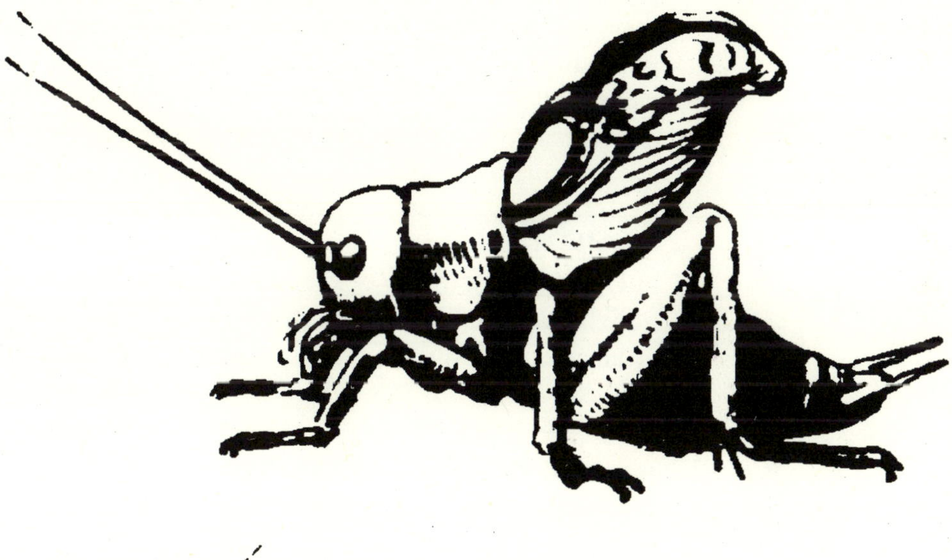

Die flinke Eidechse

Altersgruppe:	Kinder (auch Vorschulkinder)
Gruppengröße:	10 bis 20 (auch Klassenstärke)
Dauer:	etwa eine halbe Stunde
Spielort:	in freier Natur oder im Raum möglich
Inhalt:	Möglichkeiten der Regeneration eines Körperteils bei Eidechsen spielerisch darstellen
Materialien:	Tücher oder Sprungseile

Spielbeschreibung

Je nach Gruppengröße sind ein bis drei Kinder „Greifvögel", die anderen sind „Eidechsen". Jede Eidechse bekommt ein langes Halstuch oder Springseil, das sie sich als „Schwanz" hinten an der Hose befestigt. Das Tuch kann entweder durch eine Gürtellasche gezogen werden (nicht knoten!) oder in den Hosenbund hineingesteckt werden.

Jetzt gehen die „hungrigen Greifvögel" auf die Jagd: Sie versuchen Eidechsen zu fangen, indem sie sie am Schwanz (Tuch) ergreifen. Wenn ein Feind einen „Schwanz" erbeutet hat, verliert der Greifvogel das Interesse daran und läßt ihn fallen. Die schwanzlose Eidechse flüchtet in ihr Versteck (eine festgelegte Ecke des Spielfeldes) und wartet dort, bis ihr Schwanz zur Hälfte nachgewachsen ist, d.h. bis eine Miteidechse ihr das Seil oder Tuch zurückbringt, das sie dann - zur halben Länge - zusammengelegt wieder an der Hose befestigt. Mit dem „nachgewachsenen Schwanz" kann die Eidechse wieder mitspielen, aber sie darf sich nicht ein zweites Mal fangen lassen! Sind nach einer festgelegten Zeit (etwa 10 Minuten) noch Eidechsen mit Schwanz (auch mit halbem Schwanz) übrig, haben diese gewonnen.

Absicht

- Die Fähigkeit der Eidechse, ihr eigenes Leben zu retten, indem sie ihren Schwanz in Gefahrensituationen bei Berührung abwerfen kann, erkennen und mit Phantasie spielerisch darstellen.

Literatur

Naturschutzjugend im DBV (Hg.) 1990,
Breucker - Rubin o.J.

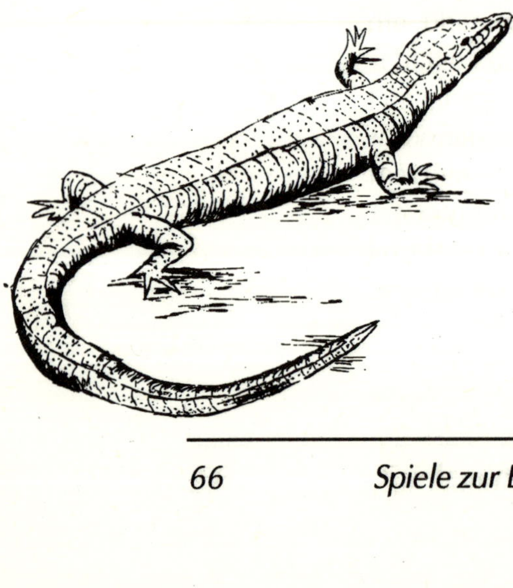

Sachinformation

Eidechsen brauchen - wie alle wechselwarmen Tiere - Wärme von außen, um voll beweglich sein zu können. Deshalb werden sie vor allem an warmen Sommertagen gesehen.
Geraten Eidechsen in eine Gefahrensituation (Beutetiere), kommt es durch den Berührungsreiz der Beutegreifer zu folgendem Schutzverhalten: An einer präformierten, nicht verknöcherten Bruchstelle des mittleren Schwanzabschnitts, der mit Schließmuskeln versehen ist (geringer Blutverlust), bricht der Schwanz ab. Das Beutetier ist abgelenkt, und die Eidechse hat genügend Zeit, ein Versteck aufzusuchen. Das abgeworfene Körperteil regeneriert, kann aber nicht noch einmal abgeworfen werden.

Wir bilden einen Baum

	(nach Cornell)
Altersgruppe:	ältere Kinder und Jugendliche
Gruppengröße:	15 bis 25 (auch Klassenstärke)
Dauer:	etwa eine halbe Stunde
Spielort:	im Wald, im freien Gelände, auch im Raum möglich
Inhalt:	verschiedene Teile eines Baumes und ihre Funktionen kennenlernen und spielerisch darstellen
Materialien:	keine

Spielbeschreibung

Zwei größere Kinder stellen sich in die Mitte. Sie sind das *Kernholz*, die zentrale und stützende Säule des Baumes (vgl. Abbildung).

Ein weiteres Kind setzt sich als *Hauptwurzel* des Baumes mit dem Rücken an das Kernholz, die anderen *Wurzeln* werden durch weitere Kinder dargestellt, die sich - mit den Füßen den Stamm berührend - auf den Boden legen. Dabei sind Kinder mit längeren Haaren besonders geeignet, wenn sie ihre Haare ausbreiten zu den vielen *Haarwurzeln*, die Wasser und Nährsalze aus den Boden saugen. Geräusche und Laute sollen diese Tätigkeit demonstrieren: Bei der Aufnahme des Wassers aus dem Boden geben die Wurzeln ein deutlich hörbares Schlürf-Geräusch von sich.

Weitere Kinder stellen sich im Kreis behutsam um das Kernholz. Sie sind die Wasserleitungsbahnen im *Holzteil* (oder Splintholz) des Baumes, die die Blätter und Äste der Krone mit Wasser und Nährsalzen aus dem Boden versorgen. Mit Armeheben und einem „Wasser hoch" nehmen sie das Wasser von den Wurzeln auf und transportieren es nach oben. Diese beiden Vorgänge werden gemeinsam durchgespielt: die Wurzeln rufen: „schlürf", dann ruft das Splintholz: „Wasser hoch" und der Ablauf beginnt wieder von vorne.

Nun wird die zellenproduzierende Kambiumschicht erklärt, die sich zwischen Holzteil und Bast befindet. Sie wird nicht dargestellt, weil sie mit dem bloßen Auge nicht erkennbar ist.

Um den Holzteil wird ein weiterer Kreis aus Kindern gebildet, die den *Bastteil* (oder die innere Rinde) darstellen. Dieser Bereich des Baumes hat die Aufgabe, die Photosyntheseprodukte (Zucker) von den Blättern der Baumkrone in die übrigen Baumteile zu transportieren. Um diesen Vorgang darzustellen, heben die Kinder ihre geöffneten und sich bewegenden Hände, die zu Blättern werden, die die Sonnenstrahlen einfangen, um daraus den lebensnotwendigen Zucker herzustellen. Dann nehmen die Kinder die gehobenen Arme nach unten und rufen: „Zucker runter", um den Zuckertransport nach unten darzustellen.

Die nun noch übriggebliebenen Kinder stellen sich als *Rinde* schützend vor Regen, Wetter, Krankheit und Insekten um das Bauminnere (mit dem Gesicht nach außen). Durch „Grimassenziehen" deuten sie eine runzelige rauhe Borke an.

Nun spielen die Kinder gemeinsam den Nahrungskreislauf des Baumes: „Schlürf" (Wasser wird von den Wurzeln aufgesaugt), „Wasser hoch" (Wasser wird zur Baumkrone transportiert), „Zucker runter" (Photosyntheseprodukte werden nach unten transportiert). Währenddessen können die Spielleiterin bzw. der Spielleiter oder andere Kinder als Borkenkäfer um den Baum herumschwirren und versuchen, durch die Borke einzutreten, was diese aktiv zu verhindern weiß.

Absicht

- Durch spielerisches Erleben der Funktionen eines Baumes den Aufbau des Baumes sowie seinen Nahrungshaushalt kennenlernen und verstehen.

Weiterführende Hinweise und Erfahrungen

Bei größeren Gruppen können mehrere Kinder die gleiche Rolle spielen. Dieses Spiel eignet sich für eine Unterrichtsreihe zum Thema „Wald" oder „Bäume". Um dabei auch die Bedeutung der nicht sichtbaren Wurzel hervorzuheben, kann das Spiel „Baumwurzel" vorangehen. Im Anschluß an dieses Spiel können an einem Stammquerschnitt (Baumwurzel, gefällter Baum) die Jahresringe gezählt und die verschiedenen Schichten des Baumes mit dem Spiel verglichen und wiederholt werden.

Literatur

Naturschutzzentrum Hessen 1989, Cornell 1991, umweltlernen 4/91

Sachinformationen

Aufbau eines Baumes

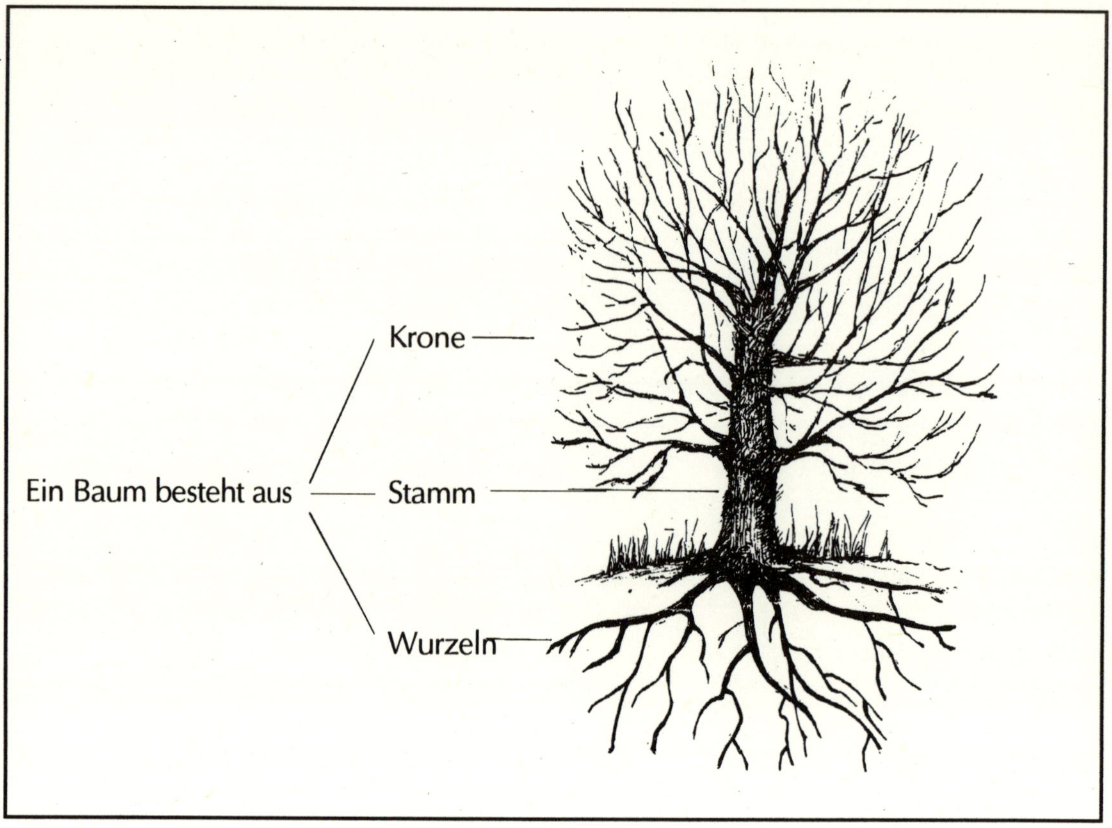

Querschnitt durch einen Baumstamm

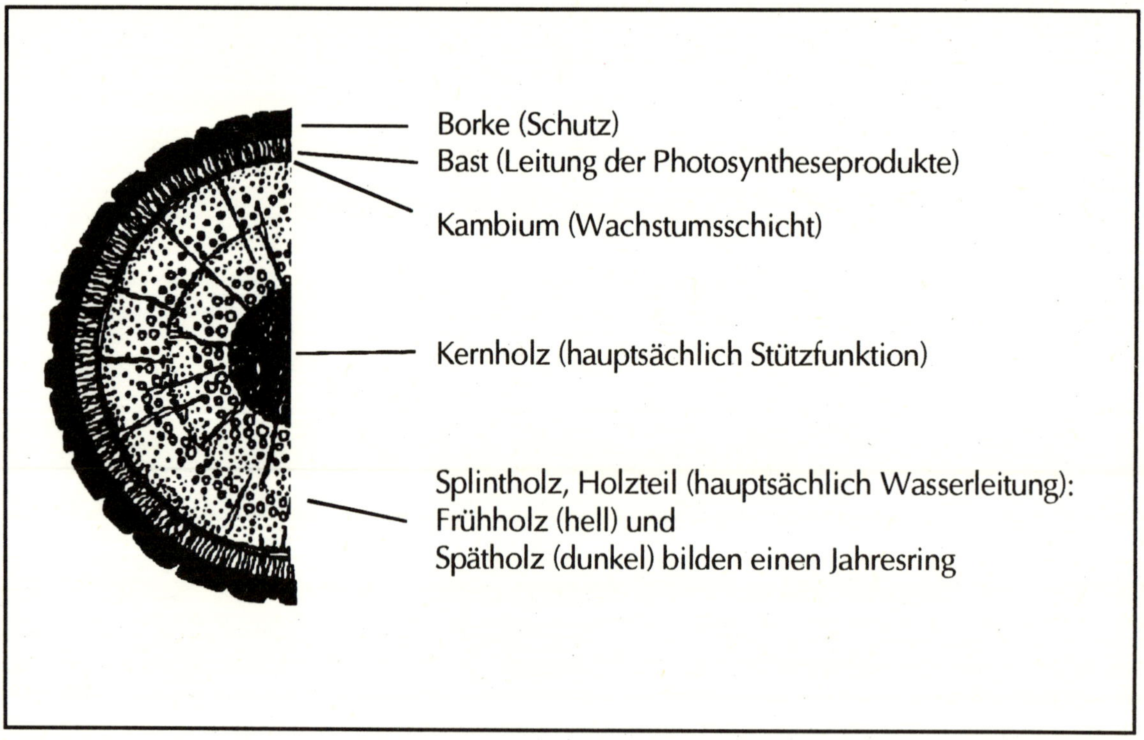

Vernetzungsspiel

Altersgruppe:	Kinder und Jugendliche
Gruppengröße:	bis etwa 10
Dauer:	etwa eine halbe bis eine Stunde
Spielort:	in freier Natur, bei Regenwetter auch im Raum möglich
Inhalt:	spielerische Darstellung der Vernetzung von Lebewesen untereinander oder mit Naturfaktoren (Boden, Wasser Luft, Sonne, Gestein)
Materialien:	Wollknäuel

Spielbeschreibung

Jedes Kind spielt die Rolle eines Lebewesens der heimischen Natur oder eines Naturfaktors (Sonne, Wasser...) in einem überschaubaren Lebensraum. Dabei werden Zusammenhänge deutlich. Lebensräume können sein: Teich, Bach, Wiese, Mauer, Totholzhaufen, Lesesteinhaufen, Hecke, Wald, Baum u.a.

Die Kinder bilden einen Kreis und stellen ihre Rolle in der Kreismitte allen vor, indem sie ein paar typische Merkmale oder Besonderheiten dazu erzählen oder spielerisch darstellen.

Ein Kind bekommt ein Wollknäuel und leitet die Vernetzung ein. Es nennt seine Rolle und verdeutlicht durch das Zuwerfen des Wollknäuels zu einem Lebewesen oder einem Naturfaktor die Verbindung. Beispielsweise lassen sich im Lebensraum Teich Wasser, Frosch, Laich, Wasserpflanzen, Larven, Libellen, Wasserläufer in Beziehung zueinander setzen.

Beim Weitergeben des Knäuels halten die Kinder stets die Schnur fest, so daß schließlich alle durch die Schnur miteinander verbunden sind. Dabei sollte ein Beziehungsnetz entstehen, das auch die Möglichkeit beinhaltet, Elemente des Lebensraumes mehrmals einzubeziehen.

Absicht

- Erkennen, daß die Lebewesen und Naturfaktoren in einem Lebensraum (Biotop) in Wechselbeziehungen zueinander stehen.

Weiterführende Hinweise und Erfahrungen

Dieses Spiel eignet sich zur Einbindung in eine Unterrichtseinheit zur Erkenntnis der Vernetzung aller Lebewesen in einem Lebensraum (Biotop).

Bei jüngeren Kindern können die Lebewesen oder Naturfaktoren, die sie darstellen sollen, auch vorgegeben werden, indem ihre Namen auf Karten aufgeschrieben werden oder ihr Bild aufgeklebt wird.

Mögliche Störfaktoren im Lebensraum können im Anschluß an das Spiel diskutiert und ggf. gespielt werden.

Das Gleichgewicht in der Natur

Altersgruppe:	Ältere Kinder und Jugendliche
Gruppengröße:	10 bis 30 (Klassenstärke)
Dauer:	30 bis 40 Minuten
Spielort:	auf größerer Freifläche, notfalls im Raum möglich
Inhalt:	dynamische Schwankungen einer Tierpopulation spielerisch darstellen
Materialien:	Tafel und Kreide oder großes Blatt Papier mit Schreibstift

Spielbeschreibung

Im Populationsspiel werden die Abhängigkeits- und Konkurrenzbedingungen einer Tiergruppe um begrenzte Wasser- und Nahrungsvorkommen sowie begrenzte Lebensmöglichkeiten (Schutz) simuliert.
Im Spiel stellen die Kinder Tiere (z.B. Rehe) und die wichtigsten Lebensbedürfnisse für diese Tiere dar: Nahrung, Wasser, Schutz (Lebensmöglichkeiten).
Das Spielfeld wird von 2 Linien begrenzt, die sich in einem Abstand von 15 bis 20 Metern gegenüberliegen. Die Kinder werden in 4 Gruppen aufgeteilt. Die Tiere (Gruppe 1) bleiben hinter einer Linie stehen. Die anderen 3 Gruppen stehen hinter der zweiten Linie. Sie stellen die notwendigen Lebensbedürfnisse (Wasser, Nahrung, Schutz) mit einer Handbewegung dar:

Wasser: Hände auf den Mund legen,
Nahrung: Hände auf den Bauch legen,
Schutz: Hände auf den Kopf legen.

Alle Kinder stehen mit dem Rücken zum Spielfeld. Die Tiere (Gruppe 1) müssen nun Wasser, Nahrung und Schutz (Kinder der anderen 3 Gruppen) finden (=fangen), um zu überleben.
Jedes Tier überlegt, wonach es in dieser Spielrunde (=ein Jahr) suchen will. Die Kinder, die die Lebensbedürfnisse darstellen sollen, überlegen sich, ob sie in dieser Spielrunde Wasser, Nahrung oder Schutz darstellen möchten.
Die Kinder, die die Tiere darstellen, müssen ihre Lebensbedürfnisse im Verlauf des Spiels befriedigen, d.h. sie müssen in den Spielrunden abwechselnd Nahrung, Wasser und Schutz finden (=fangen). Die Reihenfolge ist dabei beliebig.
Auf ein Zeichen drehen sich alle um, gucken sich an und gehen langsam - mit ihrer spezifischen Handbewegung - auf die gegenüberliegende Seite. Wenn das Tier die Lebensvoraussetzung, die es gerade braucht, auf dem Spielfeld findet, rennt es zu ihr und fängt (=berührt) das Kind, welches die gesuchte Lebensvoraussetzung darstellt. Dies verdeutlicht das erfolgreiche Suchen und Überleben des Tieres. Das „gefangene" Kind gehört nun zur Gruppe der Tiere. Die Population konnte sich vergrößern.

Im Spiel „stirbt" jedes Tier, das seine gesuchten Lebensbedürfnisse nicht findet, und gehört dann zur Gruppe Wasser, Nahrung, Schutz.
Zu Beginn jeder Runde notiert die Spielleiterin/der Spielleiter auf einer Tafel die jeweilige Anzahl der Tiere und stellt sie in einer Graphik dar. Nach etwa 10 Runden versammeln sich die Kinder um die Abbildung und erzählen, was sie während des Spiels empfunden und erlebt haben. Sie diskutieren die Graphik.

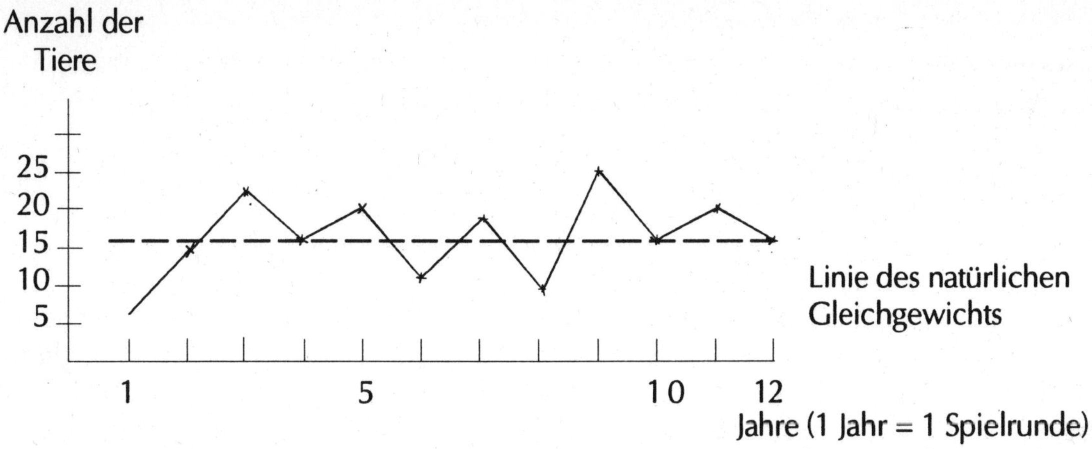

Graphik: Beispiel eines Spiels mit 25 Kindern, von denen 7 zu Beginn des Spiels „Tiere" sind, die mehr Lebensbedürfnisse finden, als zu ihrer Befriedigung nötig sind. Die Population vergrößert sich in zwei bis drei Spielrunden so stark (auf etwa 22), daß im nächsten Jahr nicht mehr genügend Lebensmöglichkeiten für die Tiere vorhanden sind. Zu diesem Zeitpunkt muß sich die Zahl der Tiere aus natürlichen Ursachen verringern. Mit den entsprechenden Schwankungen stellt sich ein „natürliches Gleichgewicht" ein.

Die Grafik bietet eine Grundlage zur Diskusion wichtiger Überlegungen (Kuhn u.a. 1986, S.231):

- In welchem Jahr (=Spielrunde) war es für die Tiere am einfachsten, zu überleben, in welchem Jahr war es am schwierigsten? Warum?
- Welche Bedürfnisse beeinflussen sich wechselseitig?
- Was passiert, wenn man Wildtiere (z.B. Rehe, Wildschweine, Enten) regelmäßig füttert? Welche Folgen hat es, wenn die Fütterung plötzlich eingestellt wird?
- Durch welche anderen Ereignisse kann die Zahl der Tiere (Populationsgröße) vermindert werden? (Natürliche Feinde: Greiftiere, Krankheiten, z.B. Seuchen;unnatürliche Feinde: Autos, Maschinen, Werkzeuge etc.). Welche Rolle spielt der Mensch bei der Erhaltung oder Störung des natürlichen Gleichgewichts? Diskussion der Jagd!

Absicht

- Nahrung, Wasser und Schutz als notwendige Lebensvoraussetzungen für Tiere erkennen,
- das Spiel soll helfen, die dynamischen Beziehungen zwischen der Zahl der Tiere (Größe der Population) und dem Angebot an Lebensmöglichkeiten in einem bestimmten Gebiet zu verstehen.

Weiterführende Hinweise und Erfahrungen

Das Gleichgewichtsspiel kann Bestandteil einer entsprechenden Unterrichtsreihe sein.

Literatur

Western Regional Environmental Education Council 1983; Kuhn, Probst, Schilke 1986

Sachinformation

Was ist eine Population?
Eine Population ist die Zahl von Lebewesen einer bestimmten Art oder Gattung oder noch höheren systematischen Einheit, die in einem bestimmten Gebiet zusammenleben. Die Populationsgröße, d.h. die Individuenzahl dieser Gruppe, kann sich im Laufe der Zeit ändern. Diese Populationsschwankungen sind in erster Linie bedingt durch Änderungen der natürlichen Lebensbedingungen in dem Gebiet. Die Ursachen dafür können natürlich oder durch den Menschen bedingt (anthropogen) sein.

In der Natur pendelt sich ein gestörtes Gleichgewicht zwischen Arten- und Individuenzahl einer Lebensgemeinschaft und den veränderten Lebensbedingungen in ihrem Lebensraum (Biotop) im Lauf der Zeit wieder ein, bis ein „natürliches Gleichgewicht" wieder erreicht ist.

3.3 Spiele zu Erfahrungen im Raum

Spiele zur Natur- und Umwelterfahrung sollten grundsätzlich mit einem unmittelbaren Bezug zu den realen Erscheinungen und Abläufen draußen, vor Ort verbunden sein. Sie leben von der originalen Begegnung, vom Erleben und Entdecken, und dies wird von dem Betroffenen im Grunde als einmalig und zumeist auch als erstmalig empfunden. Es gibt jedoch auch Spielphasen, die - in Verbindung mit dem Erleben draußen - ebenso gut im Raum ablaufen können, so etwa das Sortieren, Zuordnen oder „Neuinwertsetzen" von Dingen, die draußen gesammelt wurden (vgl. Suchspiel, S. 18, Natur Memory, S. 38, Natur im Rahmen, S. 39, Natur - Farbpalette, S. 42, Baumrindenbilder und Frottagen, S. 106 ff u. a.). Hier bietet die Situation und Ausstattung eines Raumes fallweise sogar bessere Möglichkeiten. Es gibt jedoch auch Situationen im Verlauf von Vorhaben zur Natur- und Umwelterfahrung, in denen die beabsichtigten Erlebnisse und Erfahrungen vor Ort nicht oder nur unter besonderen Schwierigkeiten möglich sind. Dies gilt vor allem für mehrtägige Aufenthalte an „außerschulischen" Orten (Schullandheime, Jugendherbergen, Stationen . . .), die stark von nicht vorhersehbaren Witterungsverhältnissen oder veränderten örtlichen Situationen bestimmt sein können. Außerdem können die - jahreszeitlich bedingten - langen Heim - Abende für sinnvolle Ergänzungen der Draußen - Erfahrungen genutzt werden. Dies gilt für das Gestalten mit Naturmaterialien ebenso wie für bestimmte Rate- und Pantomime - Spiele und auch für das „Erfahren von Stille". So ist etwa das „Regentropenspiel" ein sehr eindrucksvoller Einstieg oder Ausklang von Spielen, von Gesprächen oder auch von Diskussionen zu Beobachtungen und Erlebnissen. Spiele dieser Art sind auch ein geeigneter Übergang zur Nachtruhe.

Außer diesen ergänzenden oder vertiefenden Spielen zur Natur- und Umwelterfahrung können vor allem viele Rollen- und Planspiele, etwa zu Interessenkonflikten in Bereichen Natur und Umwelt, im Raum gespielt werden. Sie sind ebenso wie Theaterspiele und Brettspiele im Rahmen eines projekt- bzw. themenbezogenen Aufenthalts an einem „außerschulischen" Lernort psychologisch günstiger angesiedelt als im Schulalltag. Es ist dabei aber nicht in jedem Falle ein mehrtägiger Aufenthalt an einem „außerschulischen" Standort die Voraussetzung. Erfahrungsspiele im Raum lassen sich auch mit kürzeren Beobachtungsgängen und Erkundungswanderungen während der Schulzeit verbinden.

Tastkiste

Altersgruppe:	Kinder und Vorschulkinder
Gruppengröße:	2 bis 10
Dauer:	etwa eine halbe Stunde
Spielort:	im Raum; auch draußen möglich
Inhalt:	in einer Tastkiste befindliche Gegenstände sollen durch Tasten wahrgenommen und erraten werden
Materialien:	die Tastkiste wird für den jeweiligen Einsatz mit entsprechenden Naturmaterialien (Blätter, Baumfrüchte, Äste, Muscheln, Federn, leeres Schneckengehäuse u.a.) oder/und mit künstlichen Materialien gefüllt

Spielbeschreibung

Für dieses Spiel wird eine Kiste oder ein Pappkarton benötigt, der eine ausreichend große Öffnung für die Hände haben sollte (vgl. Foto). In diese Kiste werden Gegenstände entsprechend der Anzahl der Gruppenstärke gelegt. Sowohl Naturgegenstände als auch künstliche Gegenstände, die sich in der Kiste befinden, werden von den Kindern reihum durch behutsames Ertasten erraten. Ist der Gegenstand von einem Kind durch Beschreibung erkannt oder erraten worden, wird er aus der „Tastkiste" genommen und den anderen Kinder gezeigt, so daß sie sehen können, ob der Gegenstand richtig erkannt wurde. Dieser Gegenstand wird nicht wieder in die Kiste zurückgelegt.

Varianten:

- Je zwei gleiche Gegenstände befinden sich in einem Kasten, der für das Hineingreifen mit den Händen an zwei Seiten geöffnet ist. Er hat - für die Zuschauerinnen und Zuschauer nicht sichtbar - eine Trennwand in der Mitte. Der eine Gegenstand liegt auf der linken, der andere gleiche Gegenstand auf der rechten Seite der Trennwand. Die Kinder sollen nacheinander durch Tasten zwei gleiche Gegenstände zuordnen.
- Ein Kind ertastet und beschreibt die Gegenstände (hart, weich, biegsam, rund, spitz, stachelig), die anderen Kinder versuchen, den Gegenstand zu erraten.

Absicht

- Die Eigenschaften der Objekte, die mit dem Tastsinn erfaßt werden können (rund, kalt, stachelig, ekelig, weich, glibberig etc.), in Sprache umsetzen können,
- bei der erstgenannten Variante soll der Sensibilisierungsgrad der rechten mit dem der linken Hand verglichen werden,
- Erfahren, daß auch durch die Tastorgane des Körpers Dinge wahrgenommen und identifiziert werden können (Sehen durch Tasten), vgl. Blindenschrift.

Weiterführende Hinweise und Erfahrungen

Die Tastkiste kann vorher mit den Kindern gebastelt und mit Naturmaterialien beklebt werden.

Die Gruppe sollte nicht zu groß sein (ca. 6-10 Kinder), da immer nur ein Kind tasten kann und die anderen zusehen müssen. Sollte die Gruppe größer sein, ist es sinnvoll, weitere Tastkisten bereitzustellen. Sind nicht genügend Tastkisten vorhanden, können die Kinder dasselbe Spiel notfalls auch unter einem Tuch (Bettlaken, Badetuch) oder mit Leinentaschen spielen.

Der Schwierigkeitsgrad erhöht sich, wenn der Inhalt der Tastkiste nur aus Gegenständen besteht, die eine ähnliche Oberflächenstruktur aufweisen (z.B. weich, hart, rauh).

Literatur

Kükelhaus/Lippe 1982

Grabbelsack

Altersgruppe:	Kinder
Gruppengröße:	10 bis 15
Dauer:	etwa eine halbe Stunde
Spielort:	im Raum, auch draußen möglich
Inhalt:	Gegenstände durch Tasten erraten
Materialien:	Kartoffelsack, alter Kissenbezug o. ä.; Materialien aus der Natur, evtl. auch künstliche Gegenstände, Bleistift und Papier

Spielbeschreibung

Das Spielprinzip ist das gleiche wie bei der „Tastkiste". Es werden etwa 10 natürliche und/oder künstliche Gegenstände (z. B. Gegenstände aus der unmittelbaren Umgebung, Äste, Zapfen, Kartoffeln, Äpfel oder andere feste Früchte) in einen Sack gesteckt. Dieser wird zugeschnürt und kann z.B. an einer Wäscheleine aufgehängt werden. Getastet wird durch den Sack. Die Kinder gehen paarweise zusammen, wobei jedes Kind etwa 1 Minute Zeit hat, zu fühlen und den Gegenstand zu beschreiben. Es sollen einige Eigenschaften der Gegenstände geäußert werden und abschließend die Vermutung, um was es sich handeln könnte. Danach wird gewechselt. Am Ende des Spiels wird der Sack geöffnet und die Gegenstände werden mit der Beschreibung der Kinder verglichen.

Absicht:

(vgl. Tastkiste)

- Die Eigenschaften der Objekte, die mit dem Tastsinn erfaßt werden können (rund, kalt, stachelig, ekelig, weich, glibberig etc.), in Sprache umsetzen können,
- Erfahren, daß auch durch die Tastorgane des Körpers Dinge wahrgenommen und identifiziert werden können (Sehen durch Tasten), vgl. Blindenschrift.

Literatur

Bruns 1986

Was schmeckt denn da?

Altersgruppe: Kinder (auch Vorschulkinder)
Gruppengröße: 10 bis 15 (auch Klassenstärke)
Dauer: etwa eine halbe Stunde
Spielort: im Raum, auch draußen möglich
Inhalt: verschieden Nahrungsmittel geschmacklich wahrnehmen und zuordnen
Materialien: Nahrungsmittel, z.B. kleine Stücke Obst (Apfel, Birne, Apfelsine, Mandarine, Pflaume, Kirsche, Weintraube, Kiwi, Erdbeere, Banane, Zitrone o.a.), Augenbinden, Teller, Papier u. Bleistift oder Abbildungen verschiedener Nahrungsmittel

Spielbeschreibung

Die Kinder bilden Zweiergruppen. Einem Kind werden die Augen verbunden. Das sehende Kind wählt aus einem Obstangebot etwa fünf Früchte und legt eine Reihenfolge schriftlich (oder ggf. mit Abbildungen) fest. In dieser Reihenfolge werden dem Kind mit verbundenen Augen nacheinander die Fruchtstücke auf einem Teller zum Schmecken angeboten. Danach soll es die Reihenfolge der probierten Fruchtstücke benennen (ggf. notieren) und mit der des sehenden Kindes vergleichen. Das Spiel läßt sich mit vertauschten Rollen wiederholen.

Varianten:

- In der Reihenfolge des Obstangebotes befindet sich eine andere Geschmacksquelle: z.B. ein Stück Gemüse, Kräuter, Schokolade...
- Von einem Obst (z.B. Äpfel) verschiedene Sorten anbieten und ihre charakteristischen Unterschiede schmecken und versuchen zu beschreiben. Zur Unterstützung der Beschreibung können evtl. verschiedene Adjektive vorgegeben werden (auf Karten oder Tafel), z.B. sauer, süß, mehlig, saftig, knackig...
- Nur verschiedene Nahrungsmittel *einer* Geschmacksrichtung werden angeboten, z.B. sauer: Zitrone, Boskop-Apfel, Essiggurke, saures Bonbon...
- Aus einer Kostprobe eines Obstsalates die verschiedenen Zutaten herausschmecken und benennen.

Absicht

- Erkennen und Zuordnen unterschiedlicher Geschmacksvarianten,
- Erweitern des geschmacklichen Wahrnehmungsspektrums der Kinder.

Weiterführende Hinweise und Erfahrungen

Aus den restlichen Früchten können die Kinder einen Obstsalat herstellen.

Was duftet denn da?

Altersgruppe: Kinder (auch Vorschulkinder)
Gruppengröße: 10 bis 15
Dauer: etwa eine halbe Stunde
Spielort: im Raum, auch draußen möglich
Inhalt: verschiedene Düfte geruchlich wahrnehmen und zuordnen
Materialien: unterschiedliche Düfte in kleinen numerierten Fläschchen oder Döschen (Fichtenharz, Zwiebelsaft, Küchengewürze, Zitronensaft oder Duftfläschchen mit ätherischen Ölen von Minze, Latschenkiefer, Lavendel, Kamille, Zitrone, Thymian, Eukalyptus u.a.)

Spielbeschreibung

Die Kinder riechen (mit geschlossenen Augen) an einem Fläschchen, das den Duft einer bestimmten Pflanze enthält und das ihnen die Spielleiterin/der Spielleiter unter die Nase hält. Die Kinder sollen erraten, um welche Pflanze oder welchen Duft es sich handelt. Am Ende wird die Duftquelle bekannt gegeben.

Varianten:

- Je zwei gleich duftende Fläschchen sollen aus einer Fülle verschiedener Düfte nach Art des „Memory-Spiels" zugeordnet werden: nacheinander zieht jedes Kind ein Fläschchen, riecht daran und sucht das passende Gegenstück mit dem gleichen Duft.
- Es stehen verschiedene Duftfläschchen mit ätherischen Ölen bereit, aus denen sich jede/jeder einen Duft aussuchen und einen Öltropfen auf den Handrücken träufeln kann. Die Kinder beschnuppern sich gegenseitig, ohne zu sprechen. Sie suchen nach Gleich-Duftenden und stellen sich in gleichduftenden Gruppen zusammen.
- Wiedererkennen einer Duftmarke aus 3 unterschiedlichen Düften.
- Den jeweiligen Duft einer auf einer Karte abgebildeten Pflanze zuordnen.

Absicht

- Erkennen und Zuordnen unterschiedlicher Düfte zu bestimmten Pflanzen oder Früchten,
- Erweitern der geruchlichen Wahrnehmung der Kinder durch Düfte von Pflanzen oder Früchten.

Weiterführende Hinweise und Erfahrungen

Die Deckel nehmen auch Gerüche auf und werden deshalb ebenfalls numeriert, damit beim Schließen kein Deckel auf ein falsches Fläschchen kommt. Außerdem sollte darauf geachtet werden, daß die Behälter (Filmdöschen o.ä.) keinen Eigengeruch haben, weil sich sonst der sich entwickelnde Duft verändern kann.

Zur Sensibilisierung des Geruchsinns vgl. auch das Spiel „Schnüffelnder Hund", Seite ~~48~~. 58

Literatur

Klenk/Jenchen 1990, Institut für Ökologische Forschung und Bildung e.V., Hg., 1988[4], Hübner o.J.

Die olfaktorische Orgel
Wahrnehmung mit dem Geruchssinn; die Pfeifen wurden mit Naturmaterialien der Umgebung bestückt.

Öffentliche Einweihung der von Schülern/Schülerinnen der Humboldtschule Hannover unter Anleitung von Susanne Peter hergestellten olfaktorischen Orgel auf dem Gelände des Schullandheimes in Hambüren.

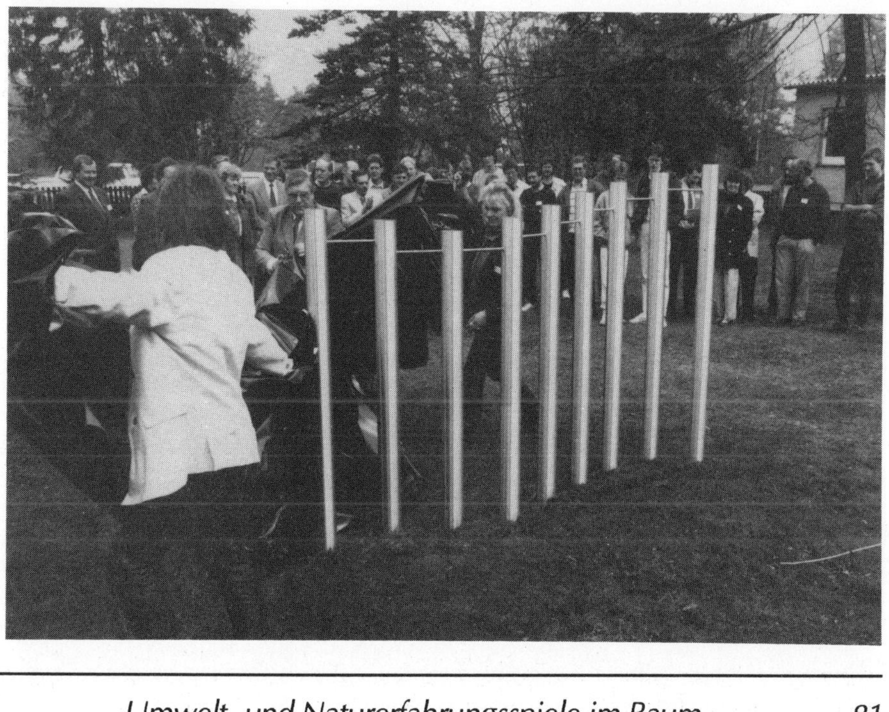

Arche Noah

	(nach Cornell)
Altersgruppe:	Kinder und Jugendliche (auch Vorschulkinder)
Gruppengröße:	10 bis 25 (auch Klassenstärke)
Dauer:	etwa eine Viertelstunde
Spielort:	Wiese oder Raum
Inhalt:	durch spielerisches Nachahmen von Tieren in Paaren zusammenfinden
Materialien:	je Kind eine Karte und ein Stift

Spielbeschreibung

Die Kinder erstellen gemeinsam eine Liste von Tiernamen, die etwa der Hälfte der Gruppengröße entspricht. Auf jeweils 2 Karten wird der Name eines bestimmten Tieres geschrieben. Die Karten werden gut gemischt und an die Kinder verteilt. Ohne den Namen des Tieres auf der Karte zu nennen, hat jedes Kind nun die Aufgabe, das Tier auf seiner Karte sowohl pantomimisch als auch mit Hilfe von Geräuschen darzustellen. Auf ein Zeichen hin beginnen alle Kinder, die für ihr Tier typischen Bewegungen und Laute nachzuahmen, ohne zu sprechen. Auf diese Art und Weise soll der jeweilige Artgenosse oder die jeweilige Artgenossin gefunden werden.

Varianten:

- Von jeder Tierart gibt es größere Grupen (z.B. 4 Mäuse, 4 Eulen). Alle Kinder bewegen sich mit verbundenen Augen und versuchen, sich durch Tierlaute bemerkbar zu machen und so ihre Artgenossen zu finden.
- Erschwerung: Nur Tiere einer Tiergruppe dürfen dargestellt werden (z.B. Säugetiere, Amphibien, Vögel)

Absicht

- Dazu Anleiten und Üben, typische Bewegungsarten und Geräusche eines Tieres zu erkennen, spielerisch darzustellen und zuzuordnen.

Weiterführende Hinweise und Erfahrungen

Kinder, die sich als „gleiche Tiere“ gefunden haben, können sich an den Händen anfassen und gemeinsam nach weiteren gleichen Tieren suchen, bis sich zum Schluß alle Mitglieder einer Tiergruppe gefunden haben.

„Arche Noah“ kann als spielerische Gruppenfindung für eine weitere Aktivität dienen, in der die Kinder paarweise oder in kleineren Gruppen zusammen spielen oder arbeiten sollen.

Literatur

Cornell 1979

Tierpantomime

	(nach Cornell)
Altersgruppe:	Kinder (auch Vorschulkinder)
Gruppengröße:	15 bis 30 (Klassenstärke)
Dauer:	etwa eine halbe Stunde
Spielort:	im Raum, auch in freier Natur möglich (Wiese, Rasen)
Inhalt:	spielerisches Nachahmen von Tieren
Materialien:	keine, ggf. Tücher oder Laken (s. Varianten)

Spielbeschreibung

Die Kinder werden - je nach Anzahl - in Vierer-, Fünfer- oder Sechsergruppen eingeteilt. Jede Gruppe bekommt die Aufgabe, gemeinsam ein Tier nach eigener Wahl pantomimisch darzustellen. Nach Ablauf einer vereinbarten Zeit des Vorbereitens (etwa 10 Minuten) stellt jede Gruppe ihr Tier vor. Dabei sollen alle Gruppenmitglieder beteiligt sein. Die anderen Kinder sollen dieses Tier erraten.

Varianten:

- Neben der pantomimischen Darstellung können auch charakteristische Tierlaute abgegeben werden.
- Mit einem Tuch (z.B. Laken) kann das äußere Erscheinungsbild eines Tieres klarer dargestellt werden.
- Die Gruppen können vor der pantomimischen Darstellung auch den Wald oder anderes Gelände durchstreifen bis sie ein Kleintier finden, das sie eine Zeitlang beobachten sollen. Danach versuchen die Kinder der Gruppe, die beobachteten Bewegungen „ihres" Tieres nachzuahmen.
- Zum Abschluß des Spiels versammeln sich alle Gruppen zur „Konferenz der Tiere", um über ihre Lebensbedingungen in der heutigen Zeit (Mensch-Tier) zu diskutieren

Absicht

- Die charakteristische Gestalt und die typischen Bewegungsabläufe eines Tieres erkennen und mit Phantasie und Kreativität spielerisch darstellen können,
- sich mit Tieren als Lebewesen „identifizieren" können und somit eine größere Nähe zwischen Mensch und Tier schaffen.

Literatur

Cornell 1979

Was für ein Tier bin ich?

	(nach Cornell)
Altersgruppe:	Kinder und Jugendliche (eingeschränkt Vorschulkinder)
Gruppengröße:	15 bis 20 (auch Klassenstärke)
Dauer:	etwa eine halbe Stunde
Spielort:	im Raum oder in freier Natur möglich
Inhalt:	durch Fragen Tiere erraten
Materialien:	Karten mit Tiernamen oder Tierbildern (z.B. aus alten Tierkalendern oder Bilderbüchern)

Spielbeschreibung

Jedem Kind wird eine Karte mit einem Tiernamen oder mit dem Bild eines Tieres auf den Rücken geheftet. Die Kinder wissen nicht, welches Tier sie darstellen. Paarweise versuchen die Kinder zu erfahren, wer sie sind. Um auf die Fragen antworten zu können, hat die Partnerin/ der Partner vorher auf die Tierkarte oder den Namen des anderen geguckt. Die Fragen dürfen nur mit „ja", „nein" oder „vielleicht" beantwortet werden.

Varianten:

- Erschwerung: Nur Tiere einer Tiergruppe werden auf den Tierkarten dargestellt (z.B. nur Weichtiere, Insekten, Säugetiere etc.).
- Die einzelnen Tiere stellen sich am Schluß des Spiels mit den Informationen, die sie über ihr Tier erfragt und gesammelt haben, vor.
- Unter vorgegebenen Stichworten formieren sich bestimmte Tiergruppen, z.B. alle Tiere, die fliegen können; alle Tiere, die Eier legen können; alle Tiere, die von den Menschen als Haustiere gehalten werden oder alle „nützlichen" oder „nicht nützlichen" (?) Tiere.

Absicht

- Charakteristische Merkmale von Tieren (wie z.B. Äußeres, Feinde, Lebensgewohnheiten) kennenlernen und bewußt machen,
- eine engere Mensch-Tier-Beziehung schaffen.

Weiterführende Hinweise und Erfahrungen

Mögliche Fragen können beispielsweise sein: „Bin ich ein Raubtier?", „Bin ich ein Wirbeltier mit Knochen?", „Kann ich schwimmen?", „Lebe ich im Wasser?", „Habe ich zwei Beine?", „Bin ich bunt?"

Literatur

Cornell 1979

Rubbel-Riech-Rate-Spiel

Altersgruppe:	Kinder (auch Vorschulkinder)
Gruppengröße:	bis zu 20 (auch Klassenstärke)
Dauer:	etwa 15 bis 30 Minuten
Spielort:	in freier Natur (günstig im Schulgarten), bei Regenwetter im Raum möglich
Inhalt:	Frottieren von Laubbläterrn und Zuordnen ihrer charakte ristischen Gerüche zu den Pflanzen
Materialien:	unterschiedlich duftende Blätter von Pflanzen, Papier, feste Unterlage

Spielbeschreibung

Die Spielgruppe sucht sich Pflanzenblätter mit markanten Düften (z.B. Zitronenmelisse, Thymian, Kamille, Schafgarbe, Rainfarn, Minze u.a.). Die Kinder legen nun ihr Pflanzenblatt auf einen Papierbogen. Mit einem Bleistift wird die Struktur des Pflanzenblattes auf das Papier gerubbelt. Kurzzeitig nimmt nun das Papier den Geruch des Blattes an, da die Duftstoffe auf das Papier gepreßt werden. In einem Ratespiel versuchen nun die anderen Kinder durch Riechen am „Duftbogen" die jeweilige Pflanze zu erraten. Schwerer wird das Spiel, wenn auf einem Blatt Papier verschiedene Pflanzenblattdüfte enthalten sind.

Variante:

Duftende Blätter können auch zwischen den Fingern gerubbelt werden. Dabei nehmen die Finger kurzzeitig den Duft des Pflanzenblattes an.

Absicht

- Erweitern des geruchlichen Wahrnehmungsspektrums der Kinder,
- Kennenlernen charakteristischer Düfte bestimmter Pflanzen.

Literatur

Löscher 1987

Blattformen

Altersgruppe:	Kinder (auch Vorschulkinder)
Gruppengröße:	10 bis 25 (auch Klassenstärke)
Dauer:	etwa eine halbe Stunde
Spielort:	im Raum, auch im Wald oder Park möglich
Inhalt:	die Formenvielfalt von Blättern spielerisch wahrnehmen
Materialien:	für jedes Kind ein Laubblatt von verschiedenen Baumarten (etwa 4), Handlupen, Wachsmalstifte, Papier; im Gelände ist eine feste Schreibunterlage nötig

Spielbeschreibung

Verschiedene Laubblätter werden vorher gemeinsam im Gelände gesucht. Jedes Kind wählt ein Laubblatt zum Anschauen und genauen Betrachten. Nachdem die Kinder ihr Blatt kennengelernt haben, legen sie es auf einen Tisch. Diese Blätter werden gemischt und die Kinder sollen nun „ihr" Blatt wieder herausfinden. Jedes Kind erzählt, wodurch es sein Blatt wiedererkannt hat.

Je nach Altersstufe kann sich eine Problematisierung der Vielfalt von Blattformen und -zustände daraus ergeben (s. Sachinformation).
In diesem Fall sollen die Kinder ihre Blätter betrachten und die Blätter hochhalten, die ihrer Meinung nach:
1. am meisten Sonnenlicht aufnehmen können,
2. am besten vor dem Wind geschützt sind,
3. auffällige Strukturen haben, damit sie weder zu naß noch zu trocken werden.

Jedes Kind fertigt danach eine „Frottage" (Rubbelbild) von seinem Blatt an: das Blatt wird mit der Unterseite nach oben unter ein Blatt Papier gelegt. Mit einem Bunt- oder Wachsmalstift wird vorsichtig über das ganze Blatt gemalt. Am auffälligsten werden die Blattadern heraustreten.
Die Blätter können ausgetauscht und verglichen werden: gefiederte, gefingerte und einfache Blattformen (zur Veranschaulichung sollte die Lehrerin bzw. der Lehrer eine Abbildung von den verschiedenen Blattformen zeigen). Hierbei zeigt sich noch einmal, daß kein Blatt wie das andere ist (ähnlich des Fingerabdrucks beim Menschen).

Absicht

- Erkennen, daß Pflanzen verschiedene Blattformen und Blattstrukturen und unterschiedliche Typen der Aderung besitzen, sie sind den Bedingungen der Natur angepaßt.

Weiterführende Hinweise und Erfahrungen

Das Spiel eignet sich als Teil einer Unterrichtsreihe zum Thema „Blätter" oder „Wald".

Die einzelnen Frottagen können zu einem Gesamtwerk im Sinne einer Collage zusammengefügt werden.
Evtl. kann eine Vorübung gemacht werden: das Prinzip des „Rubbelns“ kann mit einem Geldstück ausprobiert werden.

Literatur

Lingelbach 1986

Sachinformation

Einige Bäume haben größere Blätter als andere. Sind die Blätter klein, ist ihre Anzahl pro Baum meist größer. Einige Blätter haben flache Blattstiele (z.B. Pappeln), so daß sie sich sehr leicht im Wind bewegen anstatt abzubrechen. Die Blätter mit kurzen Blattstielen bleiben nahe am Zweig und sind von daher besser gegen Wind und Sturm geschützt. Einige Blätter haben Wachsauflagen, um Wasser ablaufen zu lassen (z.B. Eichenblätter). Andere sind oberseits rauh oder filzig, damit die Feuchtigkeit im Blatt nicht so schnell verdunstet (Verdunstungsschutz).
Funktion des Blattes:
Die Blätter einer Pflanze bilden mit Hilfe von Kohlendioxid aus der Luft, Wasser aus der Erde, Sonne und Chlorophyll (grüner Blattfarbstoff) Zucker, von dem sie sich ernähren (Photosynthese). Gleichzeitig entsteht der für das Leben auf der Erde notwendige Sauerstoff.

3.3.2 Erfahren von Stille

Unsere Zeit ist geprägt von einer ununterbrochenen Geschäftigkeit und von vielfältigen, meist unnatürlichen Geräuschen. Kaum noch erlebbar sind Phasen von Stille.
Unruhe, Konzentrationsschwierigkeiten und Lernverweigerungen sind auch in der heutigen Zeit bei Kindern und Jugendlichen verstärkt festzustellen.
Das Erlebnis der Stille ist selten geworden und auch vielen Kindern und Jugendlichen noch gänzlich unbekannt.
„Stille ist mehr als den Mund halten; sie ist Ausdruck eines Zustandes, sie ist Hinwendung zur Mitte, Konzentration der inneren Kräfte, Sammeln, Begreifen, Verstehen" (*Burk* 1984). Indem Menschen Stille erfahren, eröffnen sie Möglichkeiten zur Selbstwertfindung und Selbststeuerung.
Stille oder Ruhe sollten nicht durch fremdgesteuerte Impulse erreicht werden, vielmehr sollten Möglichkeiten für ein Erleben solcher Situationen geschaffen werden. Konzentrations- und Stilleübungen können hierbei zu Schlüsselmomenten für Entspannung, Selbsterfahrung und -entfaltung werden. Bei dieser Sichtweise geht es also nicht um Erziehung zur Diziplin, sondern um Erleben des besonderen Wertes von Stille und Ruhe.
Spiele zur Natur- und Umwelterfahrung können helfen, diese Ziele zu erreichen. Das Erfahren mit allen Sinnen, das bei diesen Spielen im Vordergrund steht, bietet den Kindern auch Möglichkeiten zum Erfahren von Stille und damit von Ruhe und Entspannung (vgl. u.a. „Laute kartieren", „Hände be-greifen Natur").
Auch „Umweltspiele" im Raum können diese Ziele verfolgen. Es sind Erfahrungen im Bereich der *Eutonie*, d.h. der Erfahrung der körperlich-geistigen Einheit des Menschen durch bewußtes Erleben, Wahrnehmen und Fühlen. (Vgl. in diesem Zusammenhang die Methoden des *Autogenen Trainings*, einer Methode zur Selbstentspannung, in der sich die eigenen Gedanken auf einfach zu erreichende Übungsziele (Schwere, Wärme,...) richten und der *Meditation*, einer Technik, sich durch Zurückziehen der Sinne von der Außenwelt vom Wach-/Tagbewußtsein zu lösen. Der Mensch bringt sich in der Meditation durch Versenkung und Umschaltung (mit Hilfe von Konzentrationsobjekten z. B. Musik oder Bilder und durch Ausschluß von ungewollten Außenreizen) in diesen Bewußtseinszustand).

Jede Lehrerin und jeder Lehrer wird einschätzen können, ob die eigene Klasse für Konzentrations- und Stilleübungen, in denen Ruhe und Entspannung erlebt werden sollen, in der aktuellen Situation empfänglich ist. Der Einsatz der im folgenden beschriebenen Spiele zum Erfahren von Stille bietet den Kindern und Jugendlichen, die sich darauf einlassen wollen, einen Zugang zu sich selbst und auch ein tieferes Verständnis zu den Vorgängen in der Natur.

Traumspiel

Altersgruppe:	Kinder (auch Vorschulkinder) und Jugendliche
Gruppengröße:	etwa 6 bis Klassenstärke
Dauer:	etwa eine Viertelstunde
Spielort:	geschlossener, möglichst abgedunkelter Raum; auch draußen
Inhalt:	individuelles Erleben von Musik oder Naturgeräuschen
Materialien:	Musikkassette, Rekorder

Spielbeschreibung

Die Kinder stellen sich mit dem Gesicht zur Mitte auf. Auf ein Signal hin, legen sich alle mit dem Rücken ruhig auf den Boden. Die Arme und Beine werden so weit ausgestreckt, bis sie die der Nachbarn berühren. So entsteht das Bild einer großen Sonne. Wer möchte schließt die Augen.
Eine Kassette mit ruhiger Musik oder mit Naturgeräuschen wird abgespielt (vgl. „Blumen erblühen", S. 94). Die Kinder werden angeregt, in Gedanken der Musik oder den Naturgeräuschen zu folgen. Dabei können Geschichten oder Träume entstehen, die erzählt, gemalt oder niedergeschrieben werden können.

Absicht

- Erleben des eigenen Körpergefühls,
- Erleben eines Gruppengefühls und Abbau von Berührungsängsten,
- Erleben von Musik,
- Situationen der Besinnung und Beruhigung schaffen.

Weiterführende Hinweise und Erfahrungen

Nach dem Erleben von Musik oder beruhigenden Naturgeräuschen (Vogelstimmen, Bachgeräusche, Wind, Meeresbrandung u.a.) sollte den Kindern die Möglichkeit gegeben werden, die Stille nachwirken zu lassen. Es sollte hinreichend lange gewartet werden, bis die Bereitschaft zu erkennen ist, sich über die gewonnenen Eindrücke zu äußern.
Je nach dem vorhandenen Platz und den Bedürfnissen der Kinder können statt eines großen Kreises (Sonne) auch mehrere kleine Kreise (Sonnen) gebildet werden.
Die Musik sollte nach eigenem Empfinden ausgewählt werden. Vergleiche Hinweise zu: „Blumen erblühen".

Literatur

Praxis Grundschule, Heft 2, 1991.

Regentropfenspiel

Altersgruppe:	Kinder und Jugendliche (auch Vorschulkinder)
Gruppengröße:	20 bis 30 (Klassenstärke)
Dauer:	etwa eine Viertelstunde
Spielort:	im Raum, auch im Gelände
Inhalt:	Nachahmung und Wahrnehmung des spezifischen Geräusches von Regen
Materialien:	je Kind zwei Steine (möglichst gerundet: Kieselsteine, Schotter...)

Spielbeschreibung

Die Gruppe sitzt verteilt im Raum. Jedes Kind hat zuvor zwei Steine (oder harte Hölzer) aus einem Vorrat entnommen. Der Verlauf des Spiels wird erläutert: Alle Kinder schließen ihre Augen, nach dem Berühren durch die Spielleiterin/den Spielleiter (bei großen Gruppen auch durch ein bis zwei zusätzliche Helferinnen/Helfer) beginnen die „Berührten", die Steine im Takt des Wortes „Re - gen - trop - fen" (stumm) aneinander zu schlagen, bis schließlich jedes Kind in seinem eigenen Rhythmus am „Regnen" beteiligt ist.

Nach einer zweiten Berührung stellen die Mitwirkenden das Klopfen ein.

Die erzielte Wirkung wird etwa so empfunden:

Es fallen erste Regentropfen - sie schwillen an bis zum prasselnden Starkregen - der Regen klingt langsam ab - der Regen hat aufgehört, es herrscht Stille.

Absicht

- Schaffen einer Situation der Stille und der Konzentration (Beruhigung),
- Sensibilisieren durch Hören mit geschlossenen Augen,
- das Mitwirken in der Gemeinschaft erleben,
- Erleben der Harmonie des Naturgeräusches Regen.

Weiterführende Hinweise und Erfahrungen

- Das Regentropfenspiel kann als meditativer Einstieg oder Abschluß einer Spielphase oder eines erlebnisreichen Tages gespielt werden.
- Es hat sich bei vielen Gelegenheiten in der Gemeinschaft sowohl unter Kindern als auch unter Erwachsenen als außerordentlich wirksam erwiesen.

Literatur

NZ Hessen 1989, Hübner o.J.

Tropfsteinhöhle

Altersgruppe:	Kinder (auch Vorschulkinder) und Jugendliche
Gruppengröße:	etwa 10 bis Klassenstärke
Dauer:	etwa eine Viertelstunde
Spielort:	geschlossener, möglichst abgedunkelter Raum oder im Freien (Dämmerung)
Inhalt:	Geräusche in einer Tropfsteinhöhle nachempfinden und nachahmen
Materialien:	Klangstäbe

Spielbeschreibung

Die Kinder verteilen sich im Raum auf dem Boden. Jedes Kind erhält Stäbe aus Holz oder Metall. Die Spielleiterin/der Spielleiter schildert das Geschehen in einer Tropfsteinhöhle, etwa so: „Schließt die Augen, merkt, wie es kühl wird, riecht den Höhlengeruch, fühlt die feuchte Wand und horcht, wie hin und wieder Wassertropfen von den Tropfsteinen an der Decke zu Boden fallen...".
Jedes Kind ahmt nach seinem Empfinden das Tropfen mit den Stäben nach. Vorher sollte verabredet werden, daß sehr leise angeschlagen wird, so daß alle anderen Tropfen gehört werden können.
Variante:
Anstelle von Stäben können auch andere natürliche Materialien verwendet werden wie z.B. Steine (vgl. Regentropfenspiel).

Absicht

- Spielerisches Nachempfinden der Entstehung von Tropfsteinen,
- Erleben des Hörens und Lauschens in der Gruppe,
- Nachempfinden des Erfahrens von Stille und Ruhe in der unbelebten Natur (Felshöhle) als Möglichkeit zur Besinnung.

Weiterführende Hinweise und Erfahrungen

Die Spielleiterin bzw. der Spielleiter sollte die Geschichte mit bewußt eingelegten Pausen vortragen.
Dieses Spiel eignet sich besonders gut im Anschluß an den Besuch einer Tropfsteinhöhle. Es kann auch zur Veranschaulichung und zum Erleben des Raumgefühls einer Höhle in der Unterrichtseinheit zum Thema „Steinzeit" beitragen.

Literatur

Praxis Grundschule, Heft 2, 1991

Sachinformation

Tropfsteine sind sekundäre Gesteinsbildungen in Hohlräumen lösungsfähiger Gesteine, vor allem in Kalkgestein. Kalk (Kalziumkarbonat: $CaCO_3$) wird durch Säuren (Kohlensäure: CO_2, Humussäuren), die im Regen- bzw. im Sickerwasser des Bodens enthalten sind, in längeren Zeiträumen oberflächlich gelöst und gelangt mit dem Sickerwasser in die Tiefe. Das aus Rissen und Spalten tropfende Wasser scheidet an Höhlendächern durch Verdunstung einen Teil des gelösten Kalks ab, so daß sich im Laufe von Jahrhunderten oder gar Jahrtausenden bis meterlange, von der Decke herabhängende Tropfsteingebilde (Sinterkalk in Form von Zapfen oder Vorhängen) bilden, die sogenannten Stalaktiten. Beim Aufprall der Wassertropfen auf den Höhlenboden entstehen die den Stalaktiten entgegenwachsenden Stalagmiten.

Versuch:
Verdünnte Salzsäure auf Kalkstein träufeln:
der Kalk wird gelöst, das entweichende CO_2 führt zu einem schäumenden Aufbrausen = Indikator für kalkhaltiges Gestein oder stark kalkhaltige Böden, z.B. Löß.

Kalksinter entsteht in Hohlräumen aller Kalkgebiete der Erde, besonders in humiden (feuchten) Gebieten. In Deutschland sind es vor allem die Kalksteingebiete der Devon-Zeit (ca. 400 Mio. Jahre, etwa im Rheinischen Schiefergebirge) und aus der Jura-Zeit (ca. 195 bis 140 Mio. Jahre etwa in der Schwäbischen und Fränkischen Alb und in den Kalk-Alpen). Viele Schauhöhlen bieten gute Informationsschriften, die auch für Schülerinnen und Schüler eine Ergänzung zu einer Höhlenbesichtigung darstellen.

Gewitter

Altersgruppe:	Kinder (auch Vorschulkinder) und Jugendliche
Gruppengröße:	etwa 10 bis Klassenstärke
Dauer:	etwa eine Viertelstunde
Spielort:	geschlossener, möglichst abgedunkelter Raum
Inhalt:	spielerisch-musikalisches Nachahmen eines Gewitters
Materialien:	keine

Spielbeschreibung

Die Kinder überlegen sich Möglichkeiten zur Darstellung eines Gewitters. Donnergrollen aus der Ferne kann durch Scharren mit den Füßen, einzelne Donnerschläge können durch lautes Trampeln, Regen kann durch Fingertrommeln auf dem Tisch oder Reiben beider Hände gegeneinander, Wind durch heulende Geräusche, Wetterleuchten und Blitze können mit den Händen (oder mit Hilfe von Taschenlampen) dargestellt werden.
Die einzelnen Geräusche des Gewitters werden als „Rollen" auf die Kinder verteilt. Die Spielleiterin/der Spielleiter leitet das Gewitter durch eine Erzählung ein und bestimmt seinen Verlauf: aus der Ferne aufziehend wird es immer heftiger, bis es nach und nach - leiser werdend - in der Ferne wieder abklingt.
Vergleiche auch: Regentropfenspiel.
Varianten:

- Zur Erzeugung der spezifischen „Gewittergeräusche" können auch Naturmaterialien (z.B. Steine, Hölzer) benutzt werden.

Absicht

- Nachahmen und Nachvollziehen von Naturgeräuschen,
- Bewußtmachen von Stimmungen bei einem Gewitter,
- Erleben eines „Gruppengefühls".

Weiterführende Hinweise und Erfahrungen

Gewitter ist bei manchen Kindern ein angstauslösendes Naturphänomen. Die bewußte Auseinandersetzung mit dem Ablauf und den Ursachen eines Gewitters kann helfen, Ängste abzubauen.

Literatur

Die Grundschulzeitschrift, Heft 36, 1990

Blumen erblühen

Altersgruppe:	Kinder (auch Vorschulkinder) und Jugendliche
Gruppengröße:	2 bis Klassenstärke
Dauer:	einige Minuten
Spielort:	Raum oder Gelände
Inhalt:	das Aufblühen einer Knospe durch Bewegung nachahmen
Materialien:	Musikkassette, Rekorder

Spielbeschreibung

Mehrere Kinder bilden in einer beliebigen Körperhaltung (stehend, liegend, sitzend) gemeinsam eine Knospe. Die Art der Blüte (Tulpe, Rose, Sonnenblume,...) wird von den Kindern selbst ausgedacht. Im Verlauf einer Melodie blüht die Knospe zur Blüte auf. Die Knospe entfaltet und bewegt sich so lange, wie die Musik spielt. Die Spielleiterin/der Spielleiter kann Veränderungen der Bedingungen einbringen: die Sonne scheint, es wird warm, es regnet, es wird Nacht, es wird kalt...
Durch den Einsatz unterschiedlicher Musik kann dieses Spiel dynamischer oder ruhiger gestaltet werden.

Absicht

- Nachempfinden des Aufblühens einer Blume, auch im Ablauf von Tagesgang und Witterung,
- Möglichkeiten zur Besinnung und Einlassen auf Musik schaffen,
- Erleben des eigenen Körpergefühls und der Teilhabe in einer Gruppe.

Weiterführende Hinweise und Erfahrungen

Ein abschließendes Gespräch ist nicht erforderlich. Es sollte jedoch die Möglichkeit dazu gegeben werden.
Die Musik kann nach persönlichem Empfinden ausgewählt werden.
Empfehlungen:
1) „Unser Kosmos", LP von RCA Records, 1981 - Soundtrack zur ZDF-Serie „Unser Kosmos" von Carl Sagan.
2) „Sandelan Divine Harmony", Teil 1 und 2 (Tonband-Kassette).
In der Beschreibung heißt es u.a.: „Die Musik dieser Kassette entwickelt im Hörer das Bewußtsein seiner kosmischen Beziehung...".

Bezug: Jos. Tenspolde - Löhrstr. 18, 5400 Koblenz und
Aquamarin Verlag - Vogelherd 1, 8018 Grafing.

Von Sandelan wurden folgende weitere Titel veröffentlicht: „Spiritual Healing", „Silence" (auch als CD), „Bliss", „Cosmic consciousness", „Planetenmeditation", „Spiritual Journey", „Dreams", „Donation", „Divine Love".

Literatur

Praxis Grundschule, Heft 2, 1991.

Klangwald

Altersgruppe:	Kinder (auch Vorschulkinder) und Jugendliche
Gruppengröße:	10 bis Klassenstärke (je nach Raumgröße)
Dauer:	etwa eine Viertelstunde
Spielort:	geschlossener, möglichst abgedunkelter Raum
Inhalt:	mit geschlossenen Augen einen imaginären Wald durchqueren, ohne einen „Baum" zu berühren
Materialien:	Instrumente (Klangstäbe, Triangel,...) oder natürliche Materialien (Steine, Stöcke)

Spielbeschreibung

Die Kinder teilen sich in zwei Gruppen auf. Eine Gruppe - die Bäume - steht im Raum verteilt. Jedes Mitglied dieser „Baumgruppe" macht sich leise durch ein Instrument bemerkbar, um als Baum wahrgenommen und geortet zu werden.

Die zweite Gruppe durchquert mit geschlossenen (oder verbundenen) Augen den „Wald", ohne einen Baum zu berühren.

Variante:

- Nur ein Kind geht durch den „Wald". Alle anderen Kinder sind „Bäume" und lassen Laute nur erklingen, wenn ein Kind sich in ihrer Nähe befindet.

Absicht

- Einlassen auf Stille und Ruhe,
- Fördern auditiver Fähigkeiten,
- Erleben eines Gruppengefühls.

Weiterführende Hinweise und Erfahrungen

Im Anschluß an das Spiel können die Kinder versuchen, ihren Weg sehend wiederzufinden und mit dem ersten Eindruck zu vergleichen.

Literatur

Praxis Grundschule, Heft 2, 1991

Baumgeschichten

Altersgruppe:	Kinder und Jugendliche (eingeschränkt auch Vorschulkinder)
Gruppengröße:	etwa 5 bis 20 (auch Klassenstärke)
Dauer:	etwa eine halbe Stunde
Spielort:	in freier Natur, möglichst im Wald, notfalls auch im Raum möglich
Inhalt:	Leben eines Baumes im Jahreslauf nachempfinden
Materialien:	keine

Spielbeschreibung

Die Kinder werden durch eine Erzählung des Spielleiters/der Spielleiterin aufgefordert, sich in den Lebensablauf eines Baumes während der vier Jahreszeiten hineinzuversetzen. Die Kinder stehen in Hörweite zum Spielleiter/zur Spielleiterin mit beiden Füßen fest und sicher auf dem Boden, die Augen geschlossen. Sie erleben die „Geschichte" des Baumes, indem sie diese pantomimisch darstellen: zu Beginn halten die Kinder die Arme wie Äste eines Baumes ausgebreitet nach oben, die Finger sind zur Faust geschlossen. Die Fäuste symbolisieren die ungeöffneten Knospen. Die Fußsohlen und Zehen der Kinder sind wie Wurzeln und berühren fest den Erdboden. Die Kinder atmen bewußt tief durch. Ein Text wird langsam vorgelesen oder frei erzählt, wobei nach jedem Satz kleine Pausen beim Sprechen gemacht werden, um den Kindern Zeit zu lassen, das Gesagte nachzuempfinden und darzustellen. Die Geschichte könnte folgendermaßen lauten:

„Du bist ein Baum, der in einem großen Wald steht. Atme tief durch. Du spürst seine Gestalt von den Wurzeln bis zur Krone. Fühle, wie die Kraft der Erde dich von deinen Wurzeln bis zu den Astspitzen, die in den Himmel ragen, durchfließt. Du wirst wie ein Baum die vier Jahreszeiten erleben: Frühling, Sommer, Herbst und Winter.

Die Tage werden länger, es ist nicht mehr so kalt. Es wird Frühling. Die Erde unter dir taut auf und erlaubt dem Wasser im Boden, deine Wurzeln zu erreichen. Fühle das kalte Wasser zwischen deinen Wurzeln. Deine Äste und Zweige sind durstig. Sie brauchen Wasser, damit die festen Knospen zu Blättern heranwachsen können. Ziehe das Wasser durch die Wurzeln hoch. Strecke dich hoch, damit das Wasser seinen Weg durch deinen Stamm bis hinauf nehmen kann zu den Zweigen und Spitzen der Äste. Die Blattknospen beginnen anzuschwellen. Langsam brechen sie auf und die Blätter entfalten sich. Öffne die Finger deiner Faust langsam und strecke die Hände weit aus. Ein Blatt nach dem anderen entfaltet sich.

Der Sommer kommt und es ist Wachstumszeit für die Bäume. Du bist hungrig und deine Blätter arbeiten hart daran, Nahrung herzustellen für dich. Breite deine frischen, grünen Blätter weit aus, um Sonnenstrahlen

einzufangen. Fühle, wie ihre Wärme dich durchströmt. Du brauchst Wasser von den Wurzeln. Strecke dich nach mehr Wasser. Du brauchst Sonnenlicht vom Himmel. Strecke dich nach mehr Sonnenlicht.
Du bist größer geworden und hast an Umfang zugenommen. Strecke deine Wurzeln, deinen Stamm, deine Zweige.
Langsam geht der Sommer vorbei.

Während es kälter wird, hören die Blätter auf, Nahrung herzustellen. Eines Tages im Herbst weht der Wind sehr stark und der Regen prasselt nieder. Fühle die Kälte, den Regen und den Wind. Wiege und bewege deine Äste im Wind. Nun, wo deine Blätter schwach geworden sind, fallen sie ab und wehen weg auf den Waldboden. Sie lassen kleine Knospen zurück. Schließe deine Finger wieder zu einer Faust. Diese Knospen enthalten die Blätter des nächsten Frühlings.

Es ist Winter und deine Wurzeln sind steif und starr, gefroren im Boden. Deine Äste sind kahl. Die Blätter des letzten Jahres sind schon abgefallen; in den festen Knospen an den Ästen befinden sich die Blätter für das kommende Jahr - geschützt vor der Kälte.
Der Himmel ist grau. Der letzte Schneesturm des Jahres tobt noch, deine Äste bewegen sich steif im Wind, der Stamm bewegt sich vor und zurück."

Senke langsam deine Arme und sei wieder du selbst."
(nach Cornell 1991, verändert).

Variante:
Wie in der oben beschriebenen Phantasiereise versetzen sich die Kinder in die *Lebensgeschichte* eines Baumes:
- Ein junger Baum wird gepflanzt,
- er wächst langsam zu einem starken Baum heran,
- lange Jahre verbringt er ungestört in einem großen Wald,
- eine sanfte Brise weht,
- sanfter Regen fällt auf die Blätter,
- ein Eichhörnchen läuft den Stamm hinauf,
- ein Vogel nistet in den Ästen,
- ein gewaltiger Wind weht,
- harter Regen mit Blitz und Donner erschüttern den Stamm,
- ein Schneesturm umhüllt den ganzen Baum mit Schnee,
- ein Mensch schnitzt in die Rinde des Baumes,
- ein Mensch fällt den Baum.

Absicht

- Den Jahreszyklus eines Baumes nachempfinden und verschiedene Funktionen einzelner Bestandteile des Baumes erfahren und erkennen.
- „Phantasiereisen" eröffnen Möglichkeiten, Wesentliches anderer Lebewesen kennenzulernen. Die Kinder versetzen sich in die Lage eines Baumes. Es findet eine Erweiterung des Bewußtseins statt, die eine Zuneigung und Wertschätzung zur Folge haben kann. Die Kinder erfahren die Fähigkeit, dem Wetter zu trotzen und seine Kraft aus den fest verankerten Wurzeln zu ziehen und andererseits dem „Schicksal",

den natürlichen und unnatürlichen Einflüssen, ausgesetzt zu sein (Analogie zum menschlichen Leben?).

- So kritisch Anthropomorphismen auch gesehen werden mögen, das Einfühlen in natürliche Lebensvorgänge auch bei Pflanzen oder Tieren trägt dazu bei, der Umwelt gegenüber eine verständnisvolle und mitfühlend-sorgende und schützende Haltung einzunehmen.

Weiterführende Hinweise und Erfahrungen

Es sind unterschiedliche Reaktionen der Kinder im Umgang mit der Phantasiereise zu beobachten: von Desinteresse bis zur tiefen Beeindruckung. Bei jüngeren Kindern können die Augen geöffnet bleiben und der Spielleiter/die Spielleiterin macht die Bewegungen des Baumes während des Vortragens vor und fordert sie auf, mitzumachen.
Um den kognitiven Aspekt nicht überzubewerten, sollte die Phantasiereise Bestandteil zum Thema Wald oder Bäume sein. Es empfiehlt sich, die Phantasiereise einer ruhigen Phase anzuschließen.
Eine ausführlichere Version der Phantasiereise „Baum" ist bei Cornell 1991 (S.98 bis S.101) beschrieben.

Literatur

Cornell 1991, Lingelbach 1986

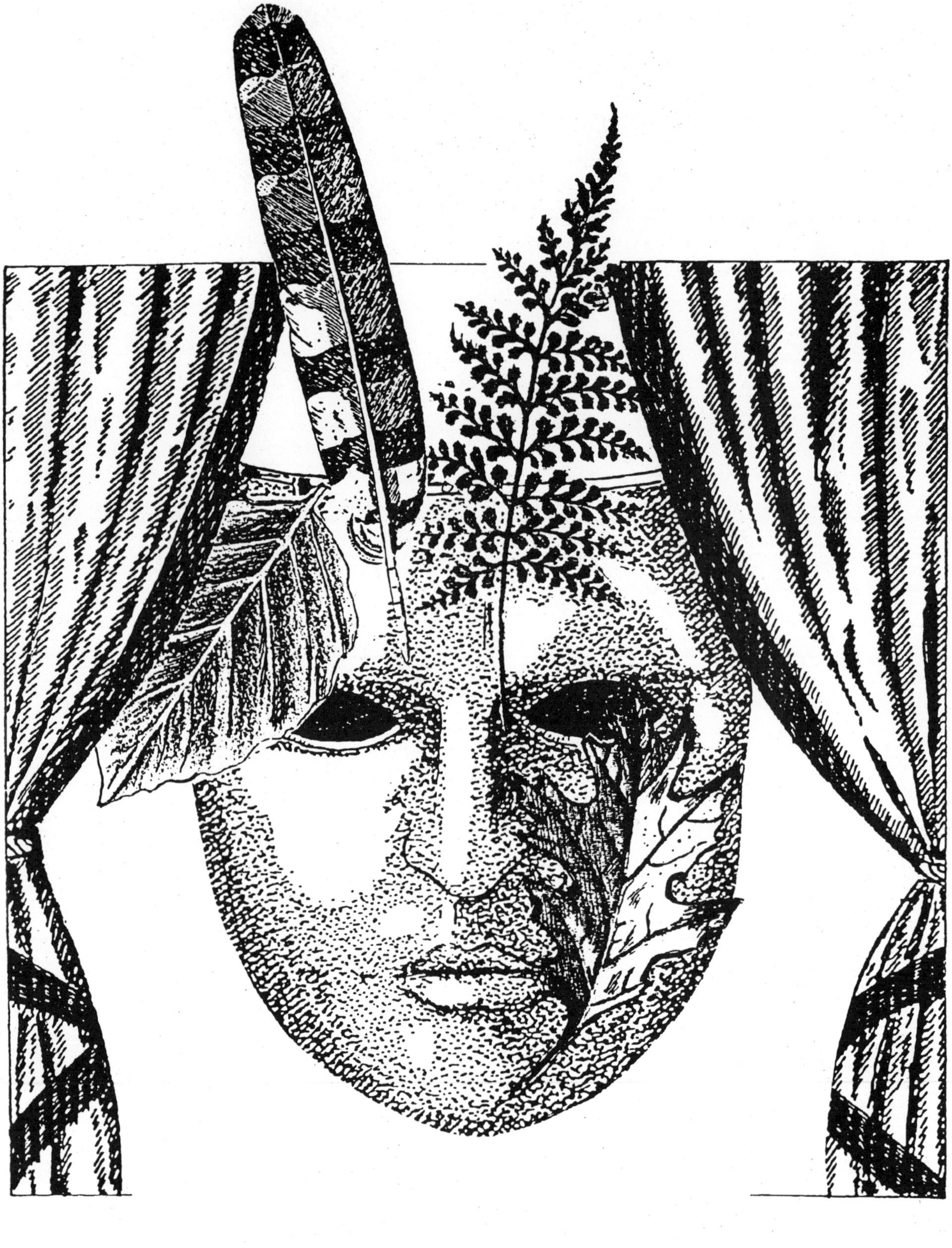

3.4 Gestalten mit Naturmaterialien

Im Schulalltag oder während eines Aufenthaltes im Schullandheim bietet das Gestalten mit Naturmaterialien nicht nur eine willkommene Abwechslung. Auch die schöpferischen Kräfte und die Phantasie der Kinder werden beim Umgang mit Naturmaterialien angesprochen. Bereits das Suchen und Sammeln von Naturmaterialien läßt Kinder erleben, wie schön und vielfältig Formen und Farben der Natur sein können. Das Wahrnehmen des „Naturschönen" und die persönliche Auseinandersetzung mit den Naturmaterialien können dazu beitragen, den Eigenwert der natürlichen Umwelt zu sehen und sich für ihren Schutz einzusetzen.
Die Natur bietet uns das ganze Jahr über eine Fülle von Material, aus dem sich phantasievoll kleinere oder größere „Kunstwerke" gestalten lassen. Sie können aus Blättern, Ästen, Früchten, Samen, Rinden, Gräsern, Federn, flachen Steinen oder leeren Schneckenhäuschen entstehen. Im Herbst sollten die Früchte von Kastanien, Buchen, Ahorn, Erlen, Fichten, Kiefern und anderen Bäumen gesammelt und an einem trockenen, kühlen Ort aufbewahrt werden. Frischgefallenes Herbstlaub mit den verschiedenen Färbungen kann gepreßt und getrocknet werden. Ganzjährig können im Wald und in der Feldflur Federn von Wildvögeln entdeckt werden, bei einem Besuch auf dem Bauernhof sind es Hühner-, Enten-, Gänse- oder Taubenfedern. Aus den Ferien an der Meeresküste werden allerlei Strandfunde mitgebracht: Schalen von Muscheln, Schnecken, Seeigeln und Krebsen, Laich der Wellhornschnecke, trockene Algen, Gräser, Kieselsteine und Dünensand oder kurioses „Strandgut".
Beim Sammeln von Naturmaterialien sollte man aber grundsätzlich darauf achten, daß nichts zerstört oder abgerissen wird!
So entsteht ein kleiner Vorrat, aus dem je nach Bedarf geschöpft werden kann. Dabei wird auch die Situation vermieden, kurz vor Beginn von Bastelarbeiten noch nach geeigneten Naturmaterialien suchen zu müssen.
Im Rahmen eines Projektes in der Schule oder zum Abschluß eines Aufenthaltes im Schullandheim (und zurück in der Schule) wird mit den „Kunstwerken" eine Ausstellung organisiert, die eindrucksvoll für Kinder und Eltern werden kann.
Einige Möglichkeiten der Gestaltung mit Naturmaterialien werden im folgenden beschrieben.

Literatur

Krohn 1982, Burk/Kruse 1983, Lohf/Sailer 1987, Stöcklin-Meier 1987, Thielemann 1991, 1992

Gestalten von Gipsmasken mit Naturmaterialien

Altersgruppe:	Kinder und Jugendliche
Gruppengröße:	bis etwa 10
Dauer:	pro Maske etwa 20 Minuten
Spielort:	im Raum, anschließend im Wald
Inhalt:	mit Hilfe von Gipsbinden einen Abdruck des Gesichts erstellen und mit Naturmaterialien gestalten
Materialien:	Gipsbinden, 8 cm breit (je nach Gesichtsgröße etwa 1/2 Binde pro Maske; erhältlich u.a. in Apotheken, etwa 3 DM pro Stück), Fettcreme (Vaseline), Schere, Wasser, Tücher zum Abdecken, Papiertaschentücher, Hutgummi

Beschreibung

Vorbereitung: Das Auflegen der Gipsbinden auf das Gesicht sollte möglichst rasch erfolgen, da der Gips sonst eintrocknet. Deshalb wird die 8 cm breite Gipsbinde mit der Schere in etwa 2 - 4 cm lange Stücke geschnitten. Diese Stücke sollten bis zum Auftragen an einem trockenen Ort aufbewahrt werden.
Inzwischen wird der Arbeitsplatz hergerichtet: Wasser wird in Behälter (tiefe Teller, große Joghurtbecher) gefüllt; der Fußboden sollte - falls nötig - mit einem Tuch oder einer Plane bedeckt werden. Mit Tüchern wird die Kleidung des Kindes vor Gipsflecken geschützt. Die Haare werden mit einem Band/Kopftuch aus dem Gesicht gehalten. Die Kinder sitzen auf Stühlen oder Tischen.

Durchführung: Das Gesicht des Kindes, von dem die Maske angefertigt werden soll, muß sorgfältig mit einer Fettcreme eingerieben werden, um das spätere Ablösen der Maske zu erleichtern. Wichtig ist dabei, daß alle Gesichtshaare zusätzlich geschützt werden. Zum Schutz der Augenbrauen wird ein Stückchen Papiertaschentuch dick mit Vaseline eingecremt und auf die Brauen geklebt. Ebenso läßt sich bei (Pubertäts-)Oberlippen-Härchen verfahren (männliche Erwachsene mit starkem Bartwuchs sollten sich besser nur auf eine Halbmaske = Augenmaske einlassen).
Die vorbereiteten Gipsbinden-Stücke werden nun einzeln kurz ins Wasser getaucht und auf das Gesicht aufgetragen. Der Gips in der Gipsbinde löst sich auf und wird mit den Fingern gut verrieben (besonders an den Übergängen zwischen den einzelnen Stücken), so daß eine mehr oder weniger glatte Oberfläche entsteht. Die Nasenlöcher müssen (immer!) ausgespart werden - wenn ein Kind möchte auch der Mund. Der Nasensteg zwischen den Nasenlöchern wird mit kleineren Stücken bedeckt. Da eine „sehende“ Maske hergestellt werden soll, werden die Augen freigelassen. Die Gipsmaske sollte nie ganz bis zum Haaransatz reichen, sondern einen Daumen breit davon entfernt. Auch unter das Kinn sollte kein Gips aufge-

tragen werden. Wenn das Gesicht nun vollständig in zwei bis drei Schichten mit Gipsstücken bedeckt ist, muß die Maske ca. 5 - 10 Minuten trocknen. In dieser „Trockenzeit" wird die Maske für eine kurze Zeit warm, der Gips „reagiert". Dies ist jedoch für das Gesicht nicht unangenehm. Ist die Maske auf dem Gesicht wieder abgekühlt, wird sie vorsichtig abgehoben. Ein Stück Hutgummi wird durch beide Augenöffnungen gezogen und hinten verknotet, so daß die Kinder die Maske aufsetzen können.
Die Gipsmaske kann direkt nach der Herstellung oder später mit Erdfarben angemalt (s. „Erdfarben-Werkstatt") und/oder mit Naturmaterialien beklebt werden (Blätter, Gräser, Farn, Früchte etc.). So entsteht eine Maske, die z.B. von den Kindern im Wald als Tarnmaske getragen werden kann („Tarnspiele", Versteckspiele).

Absicht

- Fördern von Phantasie und Kreativität.
- Das Gestalten der „Tarnmaske" veranlaßt die Kinder, zu überlegen, mit welchen natürlichen Farben und Formen sie am besten in der Natur getarnt und am wenigsten erkennbar sind (Vergleich mit Tarnfarben und -formen bei Wildtieren).
- Das Auftragen der Gipsmaske hat eine beruhigende Wirkung auf das Kind und kann eine bleibende positive Erinnerung hinterlassen.

Weiterführende Hinweise und Erfahrungen

Die angefeuchteten Gipsbinden müssen direkt verwendet werden, sonst werden sie unbrauchbar.
Während die Gipsbinden-Teile aufgelegt werden, sollten keine Gesichtsbewegungen erfolgen (nicht lachen!), da die Maske sonst verfälscht wird.
Ältere Kinder und Jugendliche können die Gipsmasken gegenseitig herstellen. Bei jüngeren Kindern (bis etwa 10 Jahre) sollten sie mit Hilfe von einem oder mehreren älteren und eingewiesenen Kindern oder von Erwachsenen angefertigt werden.
Auch im Anschluß an das „Suchspiel" können die Naturmaterialien zum Gestalten der Tarnmaske weiterverwendet werden.
Die Gipsmasken eignen sich auch für Rollenspiele, für Theateraufführungen, für ein Kinderfest bzw. Schulfest.

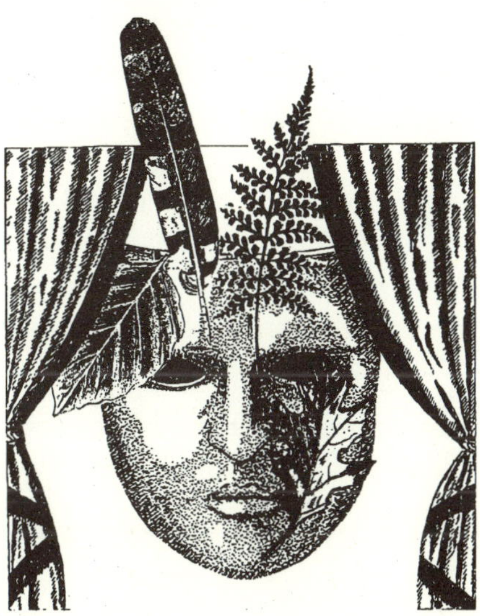

Erdfarben -Werkstatt

Altersgruppe:	Kinder und Jugendliche
Gruppengröße:	etwa bis 20 (Klassenstärke)
Dauer:	etwa eine halbe Stunde (nach Ansetzen der Farben)
Spielort:	draußen oder im Raum
Inhalt:	aus natürlichen Farbpigmenten Malfarben herstellen
Materialien:	verschiedenfarbige Erde, Bindemittel (z.B. Caparol-Binder oder Kleister), Glasbehälter (z.B. Marmeladengläser)

Beschreibung

In der Natur werden verschiedenfarbige Erden gesucht und jeweils in Glasbehälter gefüllt. Die Erde wird mit Wasser aufgeschlämmt. Am nächsten Tag wird überschüssiges Wasser abgegossen, die Masse mit einem Bindemittel (z.B. Caparol) angerührt (Verhältnis etwa 6:1) und vermischt. Konsistenz und Farbintensität lassen sich über unterschiedliche Anteile von Erde und Bindemittel variieren. Daraus können mit Pinsel oder Finger Bilder gemalt bzw. gedruckt oder Gipsmasken angemalt werden (vgl. „Drucken mit Naturmaterialien", „Gestalten von Gipsmasken mit Naturmaterialien").

Absicht

- Wahrnehmen von natürlichen Farben auch in der unbelebten Natur (Gesteine und ihre Verwitterungsprodukte, Boden auch mit organischem Anteil: Humus).
- Erkennen, daß Farben nicht nur in Geschäften gekauft werden müssen.
- Verstehen, wie Naturvölker ihre Farben auf natürliche Weise herstellen.

Weiterführende Hinweise und Erfahrungen

Die in der Natur gesuchten Erden können z.B. Lehme in hellen und dunklen Braun- oder gar Rottönen und humose, schwärzliche Oberböden sein.

„Erdfarben-Werkstatt" läßt sich in das Thema Boden einbinden. Beispielsweise können bei einer Untersuchung der Bodenhorizonte (evtl. mit einem Bodenbohrer) die verschiedenfarbigen Erdschichten mitgenommen und für die Erdfarben-Werkstatt verarbeitet werden. Die Kinder können auch im Gelände einen Suchauftrag nach verschiedenfarbigen Erden bekommen. Dabei muß allerdings vorher von der Lehrperson erkundet werden, ob sich in der jeweiligen Umgebung diese Erden finden lassen.

Gut verschlossen aufbewahrt sind die Erdfarben mindestens 8 Wochen lang verwendbar. Sie können sowohl zum Bemalen von Gipsmasken als auch zum Gestalten von Naturcollagen - zusammen mit aufgeklebten Naturobjekten (Sand, Steinchen, Laubblätter, Früchte, Muscheln usw.) - verwendet werden.

Sachinformation

Jede Malfarbe ist eine Kombination von Farbmittel (Pigment) und Bindemittel. Die Pigmente sind für die Farbgebung der betreffenden Farbe verantwortlich, das Bindemittel bewirkt die Haftung der pulverförmigen Farbpigmente in sich und am Malgrund (Papier, Holz) und verleiht der Malfarbe erst ihre typische Eigenschaft (z.B. wasserlösliche und -nichtlösliche Farben).

Literatur

Peter 1990, Herbst 1990

Frottage

Altersgruppe:	Kinder (auch Vorschulkinder)
Gruppengröße:	bis etwa 20 (auch Klassenstärke)
Dauer:	etwa eine Viertelstunde
Spielort:	Wald oder Park mit verschiedenen Baumarten
Inhalt:	Anfertigen eines „Rubbelbildes" von der Borke eines Baumes
Materialien:	dünnes, reißfestes Papier (z.B. umweltfreundliches Computerpapier), Wachsmalblöcke oder -stifte, Stempelkissen

Spielbeschreibung

Die Kinder suchen paarweise einen Baum, der ihnen besonders gut gefällt. Das Papier wird an die Borke (= äußerster Bereich der Rinde) gedrückt und von einem Kind gehalten. Das andere Kind reibt vorsichtig mit dem Wachsmalblock oder -stift (querhalten und ggf. das Schutzpapier des Malstiftes entfernen) über das Papier, so daß ein Abdruck der Borke auf dem Papier entsteht. Danach Wechsel, so daß jedes Kind eine Frottage erhält.

Alle Kinder kommen zusammen, vergleichen ihre Abdrücke, finden Ähnlichkeiten, stellen Unterschiede fest und entdecken in dem scheinbaren Chaos Muster. Gleiche oder ähnliche Abdrücke können zusammengelegt werden. Gehören sie zur gleichen Baumart?

Die Namen der Baumarten können - soweit ermittelbar - unter die Abdrücke geschrieben werden.

Varianten:

- Jedes Kind drückt mit Hilfe eines Stempelkissens seinen Fingerabdruck neben dem Borkenabdruck seines Baumes auf das Papier. Es können Vergleiche angestellt und Unterschiede festgestellt werden. Der Borkenabdruck eines Baumes ist im Grunde ebenso einmalig wie der Fingerabdruck des Menschen.
- Den Borken können Phantasie-Namen gegeben werden, die später durch die Namen der Baumart ergänzt werden.

Absicht

- Muster verschiedener Baumrinden erfassen und Ähnlichkeiten, Unterschiede und Individualitäten eines Baumes herausstellen,
- Kinder so früh wie möglich mit Bäumen als markante und wesentliche Bestandteile unserer Umwelt vertraut machen. Aus dem Vertrautsein können Wertschätzung und ein Gefühl des Schützenwollens erwachsen. Verbundenheit von Mensch und Natur werden deutlich, wenn der eigene Fingerabdruck neben den Borkenabdruck des Baumes gesetzt wird.

Weiterführende Hinweise und Erfahrungen

Im Haus (Schule, Heim) können die Kinder die dem Borkenabdruck entsprechende charakteristische Baumform aus Papier ausschneiden (Baumbestimmungsbuch bereithalten!) und von einem mitgebrachten Blatt „ihres" Baumes eine Frottage („Blattrubbelbild") anfertigen (vgl. auch Rubbel-Riech-Rate-Spiel). So können später „richtige Bäume" zusammengeklebt werden.
Statt einer Frottage kann auch ein „Baumrindenbild aus Gips" angefertigt werden (vgl. dort).

Literatur

Knirsch 1990

Frottage einer Eichenrinde

Baumrindenbild aus Gips

Altersgruppe:	Kinder und Jugendliche
Gruppengröße:	bis etwa 25 (Klassenstärke)
Dauer:	eine halbe Stunde, Trocknen über Nacht
Spielort:	draußen und im Raum
Inhalt:	mit Ton oder Knetgummi einen Abdruck der Borke eines Baumes nehmen und diesen mit Gips füllen
Materialien:	einen Klumpen Ton oder Knetgummi, Gips, Wasser, Becher zum Anrühren, Nagel, in schmale (etwa 3 cm breite) Streifen geschnittenes dickes Papier, Borke eines Baumes, Büroklammern

Beschreibung

Ein Tonklumpen (oder auch Knetgummi) wird weichgeknetet und zu einer etwa apfelsinengroßen Kugel geformt. An der (möglichst grobrissigen) Borke eines Baumes wird eine markante Stelle ausgesucht, der Ton auf diese Stelle gedrückt und flachgeklopft (- etwa in Form eines Camembert-Käse). Der Stammdurchmesser des Baumes sollte groß genug sein, damit der Abdruck flächig wird und eine möglichst geringe Wölbung enthält. Vorsichtig wird die Tonscheibe nun wieder - mit dem Borkenabdruck auf der Unterseite - von der Borke abgelöst und auf eine Pappunterlage gelegt. Es sollte nun im Raum weitergearbeitet werden. Der Rand des Tonklumpens wird glatt abgeschnitten und ein Papierstreifen - mit Büroklammern befestigt - dicht (!) um den Ton gelegt. Der Gips wird angerührt (3 Eßlöffel Gips auf eine Tasse Wasser), der flüssige Gips schichtweise in die Tonform gegossen und über Nacht getrocknet. Mit einem Nagel wird ein Loch in den Gips gestochen, damit das „Bild" später aufgehängt werden kann. Am nächsten Tag werden Papierstreifen und Ton entfernt. Das Rindenbild aus Gips ist fertig.

Absicht

- Erleben der unterschiedlichen Muster und Erscheinungsformen von Baumrinden durch tätigen Umgang am Naturobjekt,
- Erkennen, daß Unterschiede, Ähnlichkeiten und Individualität eines Baumes zu einem Bestimmungsmerkmal werden!

Weiterführende Hinweise und Erfahrungen

Die Herstellung eines Rindenbildes läßt sich sehr gut im Anschluß an das Naturerfahrungsspiel Begegnung mit einem Baum durchführen. Jedes Kind kann von seinem ertasteten Baum ein Rindenbild erstellen (vgl. auch „Frottage").

Die Bilder eignen sich als Wandschmuck (sie können zusätzlich mit Erdfarben bemalt werden). Auf einer Ausstellung oder in einem Schaubild können sie ergänzend zu Blättern und einem Bild des Baumes gezeigt

werden. Die Baumrindenbilder können mit Namen und Standort des Baumes beschriftet werden.
Gipsbilder lassen sich auch von gefundenen Tierspuren herstellen, z.B. im Zusammenhang mit dem Naturerfahrungsspiel „Auf Spurensuche".

Literatur

Thielemann 1991, Noack/Reese o.J.

RÄTSEL: Weißt du, zu welchen Bäumen diese Rindenbilder gehören?

= Eiche = Kastanie = Buche

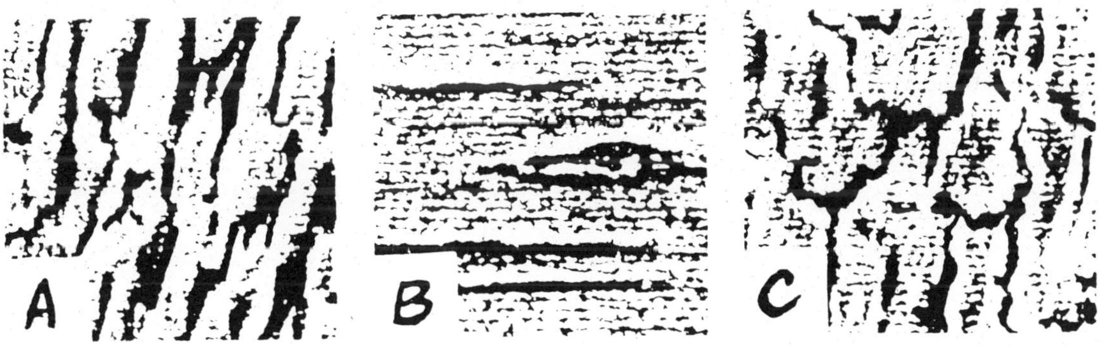

Lösung: A = Eiche B = Buche C = Kastanie

Basteln eines Blatt-Memory

Altersgruppe:	Kinder (auch Vorschulkinder)
Gruppengröße:	bis etwa 25 (Klassenstärke)
Dauer:	etwa eine Stunde
Spielort:	im Raum
Inhalt:	Erstellen eines Blattmemories im Positiv-Negativ-Verfahren mit Hilfe der Spritzdruck-Technik
Materialien:	Blätter von verschiedenen Bäumen, Wasserfarbkasten, alte Zahnbürste, altes Küchen- oder Teesieb, Zeitungspapier zum Abdecken der Tischfläche, Stecknadeln, Tonpapier, selbstklebende Klarsichtfolie, Kleister

Beschreibung

Das Blatt eines Baumes wird auf quadratisch zugeschnittene (etwa 10x10cm) Tonpapier-Kärtchen gelegt und mit zwei Stecknadeln festgesteckt. Eine alte Zahnbürste wird mit Farbe aus dem Malkasten getränkt. Mit den Borsten der Zahnbürste wird über ein Sieb „gerubbelt", so daß die Farbe auf die Tonpapier-Kärtchen spritzt („Spritzdruck"). Das Laubblatt wird vorsichtig vom Papier genommen. Dort wo das Blatt gelegen hat, bleibt eine freie Fläche; das Blatt ist in Umrissen abgebildet. Es ist ein „negativer Blattabdruck" entstanden. Das Laubblatt wird nun mit Kleister ebenfalls auf quadratisch zugeschnittenes Tonpapier geklebt und mit Klarsichtfolie geschützt. Mit dem „Spritzdruck" des Baumblattes wird ebenso verfahren.

Nach dem Erstellen der Blattkärtchen kann das Spiel beginnen: „Negativ" und „Positiv" der Baumblätter sollen nach den Regeln des bekannten „Memory-Spiels" erkannt und benannt werden.

Variante:

Statt Blattabdrucke herzustellen, können für das Memory-Spiel auch je zwei Blätter verschiedener Bäume gepreßt und auf Tonpapier-Kärtchen aufgeklebt werden.

Absicht

Das Herstellen eines Blattmemory-Spiels soll helfen, die verschiedenen heimischen Baumarten durch deren Blattformen kennenzulernen.

Weiterführende Hinweise und Erfahrungen

Statt eines Memory-Spiels können mit der oben beschriebenen Spritztechnik auch Postkarten, Briefpapier o.ä. gestaltet werden.

Der Blattabdruck kann - ggf. zusammen mit einem Rindenabdruck des gleichen Baumes (aus Gips oder frottiert, vgl. „Baumrindenbild aus Gips", „Frottage") - Teil einer Ausstellung werden.

Drucken mit Naturmaterialien

Altersgruppe:	Kinder (auch Vorschulkinder)
Gruppengröße:	bis etwa 25 (Klassenstärke)
Dauer:	etwa eine Dreiviertelstunde
Spielort:	im Raum
Inhalt:	Naturmaterialien auf Papier oder Stoff drucken
Materialien	Naturmaterialien (z.B. Blätter, Gräser), Farbmalkasten oder Erdfarben (vgl. „Erdfarben-Werkstatt"), Pinsel, Wassergläser, Zeichenblock oder anderes Papier bzw. Karton, Zeitungspapier

Beschreibung

Die Kinder bemalen die Seite der Naturobjekte (z.B. Laubblatt), die besonders starke Stukturen aufweisen. Bei Laubblättern wird die Blattunterseite angemalt und anschließend vorsichtig auf das Papier (Zeichenblock) gelegt. Das Objekt wird mit Zeitungspapier abgedeckt. Während die eine Hand das Wegrutschen der Blätter verhindert, streicht die andere Hand kräftig über das Zeitungspapier. Danach werden das Zeitungspapier und das gedruckte Blatt vorsichtig hochgenommen. Auf dem Zeichenblock befindet sich nun ein Abdruck des Blattes. Es können in gleicher Weise mehrere Blätter „gedruckt" werden. Farbgebungen und Gestaltung des Zeichenblockblattes sind der Phantasie der Kinder überlassen.

Variante:
Das Drucken mit Naturmaterialien kann auch mit Stoffmalfarbe auf Stoff- oder Jutebeutel durchgeführt werden. Die Stoffmalfarbe muß nach dem Trocknen mit einem Bügeleisen fixiert werden.

Absicht

- Naturobjekte (z.B. Laubblätter, Gräser, Flugorgane von Samen) durch tätigen Umgang kennenlernen und deren Gestalt dokumentieren oder spielerisch verändern,
- Ästhetik und Schönheit der Naturobjekte kennen- und schätzenlernen.

Weiterführende Hinweise und Erfahrungen

Neben der Erstellung von Einzeldrucken können die Kinder große „Plakatdrucke" gestalten, die sehr dekorativ im Schulgebäude wirken können. Zusammen mit dem Rindenabdruck und dem Gesamtbild eines Baumes läßt sich mit dem Blattabdruck ein „Steckbrief" des Baumes erstellen, der typische Bestimmungsmerkmale erkennen läßt und Teil einer Ausstellung werden kann.

Literatur

Noack/Reese o.J.

Gestalten von Karten

	(nach Thielemann)
Altersgruppe:	Kinder und Jugendliche
Gruppengröße:	bis etwa 25 (Klassenstärke)
Dauer:	etwa eine Viertelstunde
Spielort:	im Raum
Inhalt:	mit der Teppichklebeband-Technik und Naturmaterialien Postkarten gestalten
Materialien:	Briefkarten (DIN A 6; z.B. Postkarten, Recycling-Karten, Karteikarten), doppelseitig selbstklebendes Teppichklebeband (ca. 5 cm breit, eine 25 m Rolle reicht für ca. 80 Postkarten), feiner Sand (ggf. Vogelsand), flache, trockene und nicht zu schwere Naturmaterialien, die am Untergrund gut aufliegen (kleine Blätter, Rindenstückchen, Nadeln, kleine und leichte Früchte und Samen, vertrocknete Blüten- und Fruchtstände, flache Steine, leere Schneckenhäuschen, Muscheln, Algenstückchen)

Beschreibung

Eine Seite der Postkarte wird mit zwei Streifen des Teppichklebebandes überzogen. Sie sollten möglichst genau aneinanderstoßen. Je nach Alter können die Kinder diese Arbeit selbst übernehmen. Mit den gesammelten und bereitgestellten Naturmaterialien wird nun eine Bildkomposition gestaltet. Die räumliche Aufteilung kann vorher auf einem weißen Blatt geübt und ausprobiert werden. Die aufgeklebten Naturmaterialien werden noch einmal fest angedrückt. Um abschließend noch nicht beklebte Bereiche auf der Postkarte zu bedecken und einen wirkungsvollen Hintergrund zu erhalten, wird die gesamte Fläche der Postkarte mit feinem Sand überzogen. Danach wird die Karte senkrecht gehalten und leicht hin und her bewegt, damit der überschüssige Sand abfällt.

Variante:

Um die Karte nicht nur visuell, sondern auch geruchlich wahrzunehmen, kann ein duftendes Naturbild gestaltet werden, in dem käufliche Gewürze (Muskat, Curry, Nelkenkörner usw.) oder auch natürlich duftende Pflanzenbestandteile (Harzstücke von Nadelbäumen, Waldboden, Heu, zerriebene Pfefferminzblätter) eingearbeitet werden (nach Thielemann 1992).

Weiterführende Hinweise und Erfahrungen

Erfahrungsgemäß können die gestalteten Karten sogar als Postkarten verschickt werden: ein beliebter Gruß der Kinder aus dem Schullandheim an ihre Eltern zu Hause.

Literatur

Thielemann 1992

Erlebniskästchen

(nach Thielemann)

Altersgruppe:	Kinder und Jugendliche
Gruppengröße:	bis etwa 25 (Klassenstärke)
Dauer:	etwa eine Viertelstunde
Spielort:	im Raum
Inhalt:	mit einer Sand-Kleister Mischung und Naturmaterialien „Erlebniskästchen" herstellen
Materialien:	Naturmaterialien, 0,75 l Wasser, 5 l-Eimer, 50 g Kleister für schwere Tapeten, Rührbesen, feiner Sand, Löffel, Schachteln mit abnehmbarem Deckel oder Schublade (Käse-, Streichholzschachteln)

Beschreibung

Herstellung der Kleistermischung: ein Dreiviertel Liter Wasser wird in einen 5 l-Eimer gefüllt, 50 g Tapetenkleister zügig eingerührt und von Zeit zu Zeit kräftig durchgeschlagen.
Die Klebemasse wird nach und nach mit feinem Sand bis etwa zur 2 l-Marke aufgefüllt und immer wieder gut durchgerührt. Die Mischung sollte schnittfest sein. Mit ihr kann mehrere Tage gearbeitet werden. Ggf. muß sie dann noch einmal mit Wasser wieder etwas verdünnt werden.
Gestaltung: Mit einem kleinen Löffel wird die Sand-Kleister-Mischung vorsichtig in eine Schachtel eingefüllt. Aus den gesammelten Naturmaterialien wählt jedes Kind Gegenstände, mit denen es ein individuelles Erlebniskästchen gestaltet. Flache schwerere Gegenstände könnten einsinken, wenn die Schicht zu dick ist, deshalb sollte sie ca. 3 mm nicht überschreiten. Bei normaler Zimmertemperatur muß das Kunstwerk nun - je nach Größe - ein bis drei Tage trocknen. Sonne (Sommer) und Heizung (Winter) können beim Trockenvorgang behilflich sein.

Weiterführende Hinweise und Erfahrungen

Zusätzlich können der Schachteldeckel und die Seiten der Schachteln unter Anwendung der Teppichklebeband-Technik mit Naturmaterialien gestaltet werden (vgl. Herstellen von Postkarten).
Mit der Sand-Kleister-Mischung können auch Naturbilder (etwa DIN A 4 Größe) oder (beschriftete) Schausammlungen aus verschiedenen Früchten und Samen o.ä. Materialien erstellt werden. Ein Zerfließen der Sand-Kleister-Mischung kann man dabei verhindern, wenn diese Bilder z.B. in Pizzakartons angefertigt werden (nach Thielemann 1992, verändert).

Literatur

Thielemann 1992

4 Vorschläge für den Einsatz von Umweltspielen an „außerschulischen" Lernorten

Spiele zur Natur- und Umwelterfahrung eignen sich besonders für Vorhaben an „außerschulischen" Lernorten (Schullandheime, Jugendherbergen, Jugendwaldheime...) vor allem in Verbindung mit mehrtägigen Aufenthalten. Viele Spiele können aber auch in der unmittelbaren Schulumgebung durchgeführt werden, wenn Grünflächen leicht erreichbar sind.

Die Einsatzmöglichkeit eines Spiels ist abhängig von:

- der örtlichen Umgebung (städtisch oder ländlich),
- den zeitlichen Bedingungen (kein Zeitdruck!),
- der Sozialstruktur (Alter, Größe und Zusammensetzung der Gruppe) und
- der aktuellen Situation (Erwartungen, Interessenlage, vorbereitender Anlaß).

So kann der Einsatz von Umweltspielen ein sinnvoller Einstieg oder Abschluß einer thematischen Einheit oder Unterrichtseinheit sein. Ob ein Standort für ein bestimmtes Spiel geeignet ist, läßt sich auch mit Hilfe der Rubrik „Spielort" (im Informationskasten vor jeder Spielbeschreibung) einschätzen.

Ein mehrtägiger „außerschulischer" Heimaufenthalt bietet besonders gute Möglichkeiten, Spiele zur Umwelterziehung einzusetzen, um eine nachhaltige Sensibilisierung und Aktivierung der Kinder zu erreichen.

Der Einsatz der Umweltspiele und Naturerkundungen kann nach den vier Stufen des „Flow-Learning"-Prinzips von *Cornell* (1991) erfolgen (Begeisterung wecken, konzentriertes Wahrnehmen und Beobachten, unmittelbare Erfahrung, andere an den Erfahrungen teilhaben lassen). „Als fünfte Dimension sollte die der Verhaltensänderung und des Umwelthandelns hinzugefügt werden, in der Handlungsmöglichkeiten für eine Verbesserung der derzeitigen Umweltsituation aufgezeigt werden, die die Kinder selbst realisieren können." (Topp-Wehler 1992, in: Grundschule 3/92).

Im folgenden werden einige Beispiele für verschiedene Aktivitäten in teilweise aufeinander aufbauenden „Erlebniseinheiten" erläutert. Diese Gestaltungsvorschläge sind als Möglichkeiten zu verstehen, die im Hinblick auf die Gruppe und den Situationszusammenhang variiert werden können. Eine Hilfe dazu bietet die Übersicht am Ende des Buches.

In den Vorschlägen werden auch weiterführende Erkundungsaktivitäten beschrieben, die keinen Spielcharakter i.e.S. mehr haben (z.B. Laubstreu-Untersuchung, Alter der Bäume/Jahresringe, Basar der Sinne). Sie werden deshalb in diesem Heft nicht den Spielen zugeordnet. Es wird in diesen Fällen auf weiterführende Literatur verwiesen.

Diese beschriebenen Erkundungsaktivitäten sollen aufzeigen, wie Umweltspiele in eine Unterrichtseinheit oder in ein spontanes Vorhaben eingebunden werden können.

Je nach Situation und Reaktion der Gruppe kann ein Spiel ausgedehnt oder verkürzt werden. Die zusammenhängend beschriebenen Aktivitäten können sich auf einen oder mehrere Tage verteilen.

Spiele zur Sensibilisierung

- Suchspiel (etwa 30 - 60 Minuten)
- Blinde Karawane (etwa 15-20 Minuten)
- Alter der Bäume bestimmen (Jahresringe zählen) (etwa 10-15 Minuten)
- Baumwurzel darstellen (5-10 Minuten)
- Begegnung mit einem Baum (etwa 20 Minuten)
- Frottage (etwa 10-20 Minuten)

Um den Kindern im Gelände hinreichend Zeit zum Wahrnehmen, Erkunden und Erleben zu geben, beginnt diese Einheit mit dem *Suchspiel.* Am Rande eines Waldes (z.B. Nadelwaldparzelle) werden die Augenbinden verteilt. Die *Blinde Karawane* führt ein Stück über Nadelstreu, Moos und einen sandigen Weg in einen Buchenwald mit weicher raschelnder Laubstreu. An einer Lichtung nehmen die Kinder die Augenbinden ab und blicken in den lichten Buchenbestand. Sie stellen fest, daß Eindrücke und Wahrnehmungen anders sind, wenn der Augensinn ausgeschaltet ist.
Die Kinder schätzen das *Alter der Bäume* und überprüfen die Vermutung an einem frisch gefällten Baum, indem sie die *Jahresringe* zählen: ein breiter, heller Ring (viele großporige Zellen in der Hauptwachstumszeit im Frühjahr/Sommer) und ein schmaler, dunkler Ring (englumige Zellen im Spätsommer/Herbst) machen den Zuwachs des Baumes in einem Jahr aus. An der Breite bzw. Enge eines Ringes kann erkannt werden, ob der Baum in dem jeweiligen Jahr gute oder schlechte Wachstumsbedingungen vorgefunden hat. Buchen können so alt oder gar zwei- bis dreimal so alt wie die Großeltern der Kinder sein! (vgl. auch Verband Dt. Schullandheime, Hg.: *Projektarbeit im Schullandheim* 1980, Bd. 2 Biologie und *Das Schullandheim* 1989, Heft 146/147).
Zu dem sichtbaren Baumstamm und dem Kronendach mit den Blättern gehört ein Wurzelsystem im Boden von eindrucksvollem Ausmaß. Zur Demonstration bilden die Kinder einen Kreis um einen freistehenden Baum, der so weit wie das Kronendach reicht. Seine Projektion auf den Boden deutet die Ausdehnung der *Baumwurzel* an. Es schließt sich eine *Begegnung mit einem Baum* an. Danach stellt jedes Kind von der Rinde seines ertasteten Baumes eine *Frottage* her.
An lichten Stellen im Bereich des Waldrandes finden sich stellenweise *Brennesseln.* Hier kann über die Bedeutung dieser Pflanze für die Natur und den Menschen gesprochen werden (Futterpflanze für Schmetterlingsraupen, Brennesselgemüse, -suppe, -tee). An einer gepflückten Brennnesselpflanze kann sehr anschaulich das Prinzip des „Brennens" bei Berührung demonstriert werden. Die Pflanze kann mit der ganzen Hand von der Wurzel bis zur Pflanzenspitze gestreift werden, ohne daß ein Brennen bzw. Jucken ausgelöst wird. Beim genauen Anschauen mit einer Lupe

erkennen die Kinder, daß die Haarspitzen, wenn man sie in Brennhaarrichtung streift, nicht abbrechen können. Somit kann die Brennflüssigkeit nicht entweichen.
Wenn ein Kind doch „gebrannt" wird, stoppt der auf die betreffene Stelle aufgetragene Pflanzensaft zerriebener Wegerichblätter das Jucken (Kretschmar 1988).

Spiele zur Einsicht in Naturphänomene

- Camera natura (etwa 20-30 Minuten)
- Auf Spurensuche (etwa 20-30 Minuten)
- Ameisenduftspiel (etwa 15 Minuten)
- Anschleichspiel (etwa 10-20 Minuten)
- Laubstreu-Untersuchung (etwa 30-60 Minuten)
- Natur - Farbpalette (etwa 20 Minuten)

Diese Einheit beginnt mit dem Spiel *Camera natura.* Danach gehen die Kinder mit Markierungsstangen auf *Spurensuche* und erkunden Tierspuren oder andere Besonderheiten im Gelände.
Findet sich ein Ameisenhügel im Wald, kann an diesem Standort über das Leben und den Nutzen von Ameisen gesprochen werden. Die Rote Waldameise steht unter Naturschutz. Ihre Nahrung kann bis zu 90% aus Schadinsekten bestehen. Sie tragen daher zum Erhalt des biologischen Gleichgewichts im Ökosystem Wald bei. Die Nestbautätigkeit der Ameisen hat eine bodenverbessernde Wirkung. Mit dem *Ameisenduftspiel* ahmen die Kinder die Kommunikationsweise nach.
Im Laubwald können die Kinder mit einfachen Mitteln eine *Untersuchung des Lebens in der Laubstreu* durchführen. Auf dem Waldboden liegen u.a. Blätter, die je nach Lage (oben oder unten) unterschiedlich stark zersetzt sind. Es kann mehrere Jahre dauern, bis ein Buchenblatt völlig umgewandelt ist. In den untersten Schichten der Laubstreu vermischen sich bereits stark zersetzte Blätter mit der Erde. Die Kinder suchen vier bis fünf Laubblätter auf dem Waldboden in den verschiedenen Stadien der Zersetzung und kleben sie (kreisförmig) auf ein Stück festen Karton oder Pappe in der Reihenfolge ihres Zersetzungsgrades (vom fast vollständig erhaltenen Blatt über wenig zersetzte Blätter bis zum stark zersetzten Laubblatt). Der Kreis schließt sich, denn das zersetzte Laubblatt wird als Humus ein Bestandteil des Bodens. Diesem humosen Boden entnehmen die Pflanzen ihre Nährstoffe zum Wachsen. Im Herbst fallen ihre Blätter dann wieder zu Boden. Der Kreislauf des Auf- und Abbaus von Mineralstoffen ist geschlossen. Dieser Vorgang kann auch symbolisch dargestellt werden, indem sich die Kinder eine Pflanze aussuchen und an die Stelle des aufgeklebten Kreises einzeichnen, wo das Blatt fast vollständig zersetzt ist.
Nun sollen die Kinder herausfinden, wer die abgeworfenen Blätter zerkleinert und „zersetzt".

Mit Hilfe von Schüttelsieben (vgl. *Kuhn* u.a. 1986, S.106), einem weißen Tuch (Bettlaken o.ä.), weißen Kunststoffbehältern, Lupen, Marmeladengläsern oder Becherlupen und einem Bestimmungsbogen sehen die Kinder sich die zahlreichen Bodenlebewesen genau an, die all die Pflanzen- und Tierreste abbauen: Asseln, Springschwänze, Milben, Regenwürmer, Schnurfüßer, Saftkugler, Ohrwürmer, Käfer, Weberknechte, Spinnen u. a. (*vgl. Unterricht Biologie, 9/1977; 57/1981; Forkel 1988, S.18; Pädagogisches Zentrum Bad Kreuznach, Hg. 1989*).
Zum Abschluß zeichnen die Kinder ein oder mehrere beobachtete Bodenlebewesen an die Stelle ihres Bogens, wo sie an der Zersetzung des Blattes mitgewirkt haben könnten.
Die Arbeit dieser Kleinlebewesen und vieler Millionen Kleinstlebewesen (Bakterien) - in einer Handvoll Waldboden leben mehr Kleinstlebewesen als Menschen auf der Erde - bringt die organischen Stoffe erst in eine Form, in der sie wieder von derselben Pflanze oder von anderen Pflanzen aufgenommen werden können.
Zum Abschluß kann - bei Zeit und Lust - die *Natur - Farbpalette* eine ruhige und beschauliche Möglichkeit bieten, die Erkundungswanderung ausklingen zu lassen. Die Kinder können die zeichnerischen Ergebnisse ihrer Arbeit auch aufbewahren.

Erfahrungen und Erlebnisse in Dämmerung und Dunkelheit: die Nachtwanderung

Gegen Abend vor Einbruch der Dunkelheit bietet es sich an, *Fledermaus und Nachtfalter* zu spielen. Dieses Spiel hat besonders dann einen aktuellen Bezug, wenn direkte Beobachtungen fliegender Fledermäuse damit verbunden sind oder auf einer Nacht- bzw. Abendwanderung erlebt wurden. Die Art der Nahrungssuche und der Orientierung im Flug sind dann ohnehin aktueller Gesprächsstoff. Für dieses Spiel sollte es jedoch noch nicht zu dunkel sein. Auch *Umwelt-SoKo im nächtlichen Einsatz* eignet sich als Spiel in der Dunkelheit, bei dem die Kinder aufmerksam sein müssen.

Nachtwanderung:
- Farben sehen in der Dunkelheit (etwa 5 Minuten)
- Sternenhimmel betrachten (etwa 15 Minuten)
- Geschichte erzählen (etwa 10 Minuten)
- Alleine die Nacht erleben (etwa 45 Minuten)

Höhepunkt eines mehrtägigen Aufenthaltes an „außerschulischen“ Lernorten ist für Kinder häufig eine *Nachtwanderung*. Das Erleben von Dämmerung und Dunkelheit erzeugt eine besondere Stimmung, in der die Kinder besonders aufmerksam und empfänglich sein können. Wichtig für ein gelungenes Nacht-Erlebnis ist jedoch, angst- und furchterregende

Gespräche und Aktionen vor und während dieser Nachtwanderung zu vermeiden.
Während wir zu Beginn der Nachtwanderung - besonders nach dem Verlassen beleuchteter Räume oder Straßen - noch Erkennungsschwierigkeiten haben, stellen wir im Laufe der Zeit fest, wie die Augen sich mehr und mehr an die Dunkelheit gewöhnen und wir immer mehr und differenzierter sehen und erkennen können. Die Augen passen sich der Dunkelheit an, indem sich ihre Pupillen ausweiten. So gelangt mehr Licht in das Auge.
Um zu demonstrieren, daß ein *Farbensehen in der Dunkelheit* kaum oder nicht mehr möglich ist, werden während der Wanderung kleine Zettel in unterschiedlichen Farben ausgeteilt. Die Kinder sollen versuchen, die Farben zu erkennen und sich diese zu merken. Später werden die Ergebnisse bei Licht überprüft.
Zur Erklärung des Phänomens „Grau-in-grau-Sehen" während der Dunkelheit: Im hinteren Teil unseres Auges befinden sich in der Netzhaut etwa 100 Millionen lichtempfindliche Zellen: die Zapfen(zellen) sind für das Farbensehen, die Stäbchen(zellen) lediglich für die Wahrnehmung von Helligkeitsunterschieden zuständig. In der Dämmerung und während der Nacht versagen die weniger lichtempfindlichen Zapfen. Die Stäbchen werden noch von schwachem Licht erregt. Da sie aber farbunempfindlich sind, geben sie die Farbtöne nur nach ihrem Helligkeitswert wieder (ähnlich wie in einer Schwarz-Weißfotografie).
Die Betrachtung des *Sternenhimmels* ist auf einer Nachtwanderung ein besonderes Erlebnis. Vorteilhaft ist es, wenn eine der Begleitpersonen oder sogar Kinder einige Sternbilder kennen und zeigen können. Gut zu erkennen sind meist Großer Wagen, Kleiner Wagen, Polarstern, Kassiopeia, Orion, in dunklen Nächten auch der dichte Sternenstreifen der Milchstraße. Zur Erklärung und Auffindung der Sternbilder können der Polarstern oder der Große Wagen als Orientierungspunkt gewählt werden. Eine solche Situation bietet gute Möglichkeiten, Hinweise zu der Größe und den Entfernungen der Himmelskörper zu geben und über Theorien zum Ursprung und Alter der Gestirne und der Erde zu berichten. Dabei werden auch Begriffe wie Schöpfung, Unendlichkeit und Ewigkeit eine Rolle spielen.
Vielleicht kennt auch jemand Erklärungen zu einigen Sternbildern? Es können Geschichten mit Wirklichkeitscharakter und solche erzählt werden, die lediglich die Phantasie der Kinder anregen oder ihnen etwas über andere Kulturen und deren Vorstellungen vermitteln (z.B. Römer, Griechen, Indianer).
Ein Beispiel ist die folgende indianische Erzählung über den Ursprung der Sterne, die in einem „Outdoor Education Center" in den U.S.A. 1990 bei der Arbeit mit Kindern erfolgreich eingesetzt wurde:
„Vor langer, langer Zeit, als die Tiere noch in einer allgemeinverständlichen Sprache redeten, gab es keine Nacht. Immerzu schien die Sonne. Die Tiere waren unzufrieden und stritten unentwegt miteinander. Moneto, der indianische Gott, war traurig über diese Streitereien und warnte die Tiere dreimal. Sie beruhigten sich nach jeder Ermahnung - aber nicht für sehr lange.

Moneto hatte irgendwann genug von diesem ständigen Gezank und verdeckte die Sonne mit einer großen Decke, so daß es ganz dunkel wurde auf der Erde.
Die Tiere aber konnten im Dunkeln nicht mehr so gut kämpfen und auch nicht mehr streiten, so daß sie eine große Versammlung einberiefen. Sie überlegten, wie sie die riesengroße Decke von der Sonne entfernen können, und alle Tiere starteten Versuche, die Decke herunterzuziehen.
Der stärkste Bär sprang von einem der höchsten Berge, verpaßte die Decke, fiel hin und plättete seine Nase, so daß er noch heute mit einer Stupsnase herumläuft. Ein Geier schaffte es, seinen Kopf durch die Decke zu stecken, aber er war so begeistert, die Sonne wiederzusehen, daß er nicht merkte, wie die Hitze der Sonne ihm all seine Kopffedern verbrannte. Mit einer Glatze, die er bis heute noch hat, kehrte der Geier zur Erde zurück.
100 Klapperschlangen taten sich zu einer langen Kette zusammmen. Ein Panther versuchte, daran hochzuklettern, um die Decke von der Sonne wegzuziehen. Aber das lange Klapperschlangen-Seil brach unter dem Gewicht der Raubkatze zusammmen.
Das letzte Tier, das einen Versuch startete, war ein Kolibri. Alle Tiere lachten über diesen kleinen Vogel, aber er versuchte es trotzdem. Als er die Decke nahe der Sonne erreichte, begann er, mit seinem spitzen Schnabel Löcher in die Decke zu stechen. Jedes Loch ließ ein bißchen Sonnenlicht durch. Heute sehen wir diese Löcher als Sterne im Himmel.
Die Tiere jubelten dem Kolibri zu, und Moneto, der indianische Gott, war so erfreut darüber, daß die Tiere so gut zusammengearbeitet hatten, daß er die Decke für eine Tageslänge entfernte. Für die Länge einer Nacht verdeckte er die Sonne wieder, um die Tiere immer daran zu erinnern, daß sie in Frieden zusammenleben sollen."

Ein besonderes Erlebnis sind die Erfahrungen während einer Nachtwanderung, wenn die Kinder für einige Zeit (etwa 10-15 Minuten) ganz alleine für sich sind und die Nacht bewußt wahrnehmen (*Alleine die Nacht erleben*). Entlang eines Weges bleibt immer ein Kind im Abstand von etwa 10 bis 20 Metern (je nach Dunkelheit) zum nächsten Kind stehen oder sitzen. Wer sich sehr fürchtet, kann sich zu einem Freund oder einer Freundin setzen. Es darf aber nicht gesprochen werden! Die Kinder sollen lauschen und die Geräusche der Nacht wahrnehmen. Vielleicht hören sie ein nachtaktives Tier! Sie sollen aber auch in sich hineinhorchen, Gedanken kommen lassen und diese ungewohnte Situation auf sich wirken lassen. Es ist wichtig, vorher noch einmal zu betonen, daß die Kinder zwar alleine sitzen, aber nicht verlassen im Wald sind, da sich das nächste Kind und ggf. auch die Begleitperson/en in nächster Nähe aufhalten. Es sollte kein Angstgefühl aufkommen! Eine Begleitperson sollte zu Beginn der Reihe, eine weitere am Ende des Weges sitzen. So kann nach einer vereinbarten Zeit die Person, die sich zuerst gesetzt hat, leise aufstehen und auf dem Weg nach vorn die Kinder wieder „einsammeln". Sind alle wieder beisammen (kontrollieren!), wird ein Kreis gebildet und alle Teilnehmerinnen und

Teilnehmer der Nachtwanderung haben die Gelegenheit, zu berichten, wie es ihnen während des Alleinseins ergangen ist und was sie gehört, erlebt und gefühlt haben. Diese Erfahrungen bieten die Möglichkeit, sich selbst und die anderen einmal ganz anders - in einer für viele ungewohnten Atmosphäre - zu erleben.

Umwelterfahrungen im Raum

Spiel: Basar der Sinne:
- Hören
- Sehen
- Tasten
- Riechen
- Schmecken

Dieses Spiel, das sich auch über mehrere Phasen erstrecken kann, wird mit einem Gespräch über unsere Sinne eingeleitet. Das Sehen spielt in unserem Leben eine zentrale Rolle. In einigen der folgenden Übungen wird dieser Sinn durch Verbinden der Augen bewußt ausgeschaltet.
Mit einiger Vorarbeit (Besorgen des Materials, Aufbau der Spielaktion) kann ein *Basar der Sinne* in ein bis zwei Räumen aufgebaut werden (vgl. auch Kükelhaus/Lippe 1982, Salehian/Manuel 1988). Vorteilhaft ist es dabei, die Sinne in der Reihenfolge vom „Fernen" zum „Nahen" anzusprechen.
- Wahrnehmen durch das Hören:
  Der Hörsinn kann beträchtliche Weiten überbrücken und nimmt auch weit entfernte Geräusche wahr.
- Wahrnehmen durch das Sehen:
  Das Auge kann Objekte über sehr große Distanzen erfassen.
- Wahrnehmen durch das Tasten:
  Der Tastsinn muß seinen Erfahrungsradius auf eine Arm- bzw. Beinlänge reduzieren.
- Wahrnehmen durch das Riechen:
  Der Geruchssinn erfaßt die Wahrnehmungen meist aus sehr kurzen, in Zentimeter zu messenden Distanzen.
- Wahrnehmen durch das Schmecken:
  Der Geschmackssinn bringt den Körper in engsten Kontakt mit dem Objekt.

Jeweils ein Sinn ist an einer Station besonders gefordert. Hierfür werden Tische bereitgestellt, auf denen das zu riechende, hörende, tastende, sehende oder schmeckende Material ausgelegt wird. Je nach Gruppengröße werden Begleitpersonen an den jeweiligen Stationen benötigt. Die Stationen Riechen, Tasten, Schmecken und ggf. Hören sollen mit verbundenen Augen erlebt werden. Die Erfahrungen können in Kleingruppen oder anschließend mit allen Kindern in der gesamten Gruppe besprochen werden.

Falls möglich, sollte die Station Hören in einem von den übrigen Stationen getrennten Raum durchgeführt werden, da die Geräuschkulisse evtl. für die anderen Aktivitäten störend sein kann.

Vorschläge für die Erzeugung verschiedener Geräusche und Laute:

- verschiedene Naturmaterialien auslegen, mit denen Geräusche erzeugt werden sollen: Hölzer, Steine, Muscheln, Baum- und Strauchfrüchte, Kerne und Körner, Sand.
  Ggf. Schachteln oder Dosen zum Einfüllen der Materialien bereitstellen: es darf „Musik" gemacht werden.
- Kieselsteine u.a. verschieden klingende Materialien in Filmdöschen füllen, schütteln und hören (vgl. *Was klingt denn da?*). Ggf. eine Lautstärkenreihe von Laut nach Leise erstellen.
- Wasser in einem Glas (mit Deckel) schütteln,
- Tonkassette mit verschiedenen Tierlauten abspielen,
- Tonkassette mit Naturgeräuschen im Sommer abspielen (muß vorher aufgenommen werden).

Vertiefendes Material zum Thema „Hören", aus denen weitere Anregungen entnommen werden können:

Literaturhinweise: *J.E. Berendt*: Das dritte Ohr. Vom Hören der Welt. Reinbek 1985.

Tonkassetten: 1. Die Welt ist Klang - Nada Brahma, Teil 1 und 2. Medienpaket mit 4 Tonkassetten. 2. Vom Hören der Welt - Das Ohr ist der Weg. Medienpaket mit 4 Tonkassetten. (Network Medien Cooperative, Best.Nr. 32125, 32126, in Vertrieb von 2001, Frankfurt/M.; Preis insges. etwa 80 DM).

Sehen (und raten)

Auf einem Tisch werden Materialien ausgelegt, die angeschaut und beschrieben werden sollen. Ggf. sollen sich die Kinder über einen Gegenstand oder die Ursache für den Zustand eines Gegenstandes äußern.

Materialien:

- kuriose und bemerkenswerte Fundstücke aus der Umgebung: z.B. Blatt mit Gallen, Apfel mit Fraßspuren, halb verrottetes Erlen- oder Pappelblatt, großes Stück Wurzel oder Rinde,
- Teile eines Gegenstandes werden gezeigt. Es sollen Vermutungen geäußert werden, welchem Gegenstand sie angehören („Dalli-Klick"),
- falls vorhanden: Mikroskop mit einem Präparat,
- mit einer Lupe ein Stück Wurzel, Rinde o.ä. betrachten,
- mit dem Fernglas aus dem Fenster schauen und bestimmte Objekte orten,
- Bilder, Zeichnungen oder Fotos aushängen oder -legen: Tier-Mimikry, optische Täuschungen, Suchbilder.

Tasten
Etwa acht bis zehn kleinere Tastkisten oder Tastbeutel werden - mit unterschiedlichen Materialien bestückt - auf Tische verteilt (vgl. *Tastkiste, Grabbelsack*).
In jeweils einer Kiste sind z.B.:
- Walderde mit Nadelstreu oder Laubblättern,
- Sand,
- Lehm oder Ton,
- Steine in verschiedener Größe, Form und Oberflächenbeschaffenheit,
- Gras oder Heu,
- kleine Naturmaterialien: Kerne, Körner, Baum- und Strauchfrüchte (z.B. Kirsch-, Pflaumen-, Sonnenblumen-, Apfelkerne, Linsen, Bohnen, Getreidekörner, verschiedene Nüsse, Kastanien, Eicheln, Bucheckern, Linden- und Ahornsamen, Hagebutten),
- Materialien aus Holz: Streichhölzer, schöne Baumwurzel, Stück Rinde oder/und Ast, Holzspielzeug),
- feuchte Materialien (Kiste mit Folie auslegen!): eingenäßtes Tuch, naßer Wattebausch, feuchtes Moos,
- weiche Materialien: Daunenfedern, Wattebausch, Moos, Fell oder Pelz (künstlich!),
- Materialien aus Papier: zerknülltes DIN-A 4 Blatt, Papp-Eierkarton, Pappe, ein kleines Buch, Teile eines Pappkartons, Löschpapier,
- Textilien: Frotteehandtuch, T-Shirt, Seidenstrümpfe u.a.,
- unnatürliches Material: Plastiktüte, -folie, Alufolie, Verpackungsmaterial aus Plastik und Styropor, PVC, Bonbon- und Schokoladenpapier.

Je nach Örtlichkeit kann ein *Naturerlebnispfad* aufgebaut werden (etwa 2m x 40 cm), der mit Brettern und Kanthölzern zusammengesetzt ist. Das Material kann auch einfach auf den mit Folie o.ä. abgedeckten Fußboden gelegt werden.

Material:
- Gras/Heu, Sand, Holz, Holzspäne, Steine, Waldboden, trockene Laubblätter, Nadelstreu, Fichten- oder Kiefernzapfen, Baumrinde, Moos, Äste. Nichts abreißen oder zerstören! Das Material nach Gebrauch zurückbringen, da Kleintiere, die sich z.B. in Baumrinden aufhalten, wieder in ihren Lebensraum zurückgebracht werden sollen, um zu überleben.
Das in kleinen Abständen hintereinander ausgelegte Material auf dem Naturerlebnispfad wird barfuß und mit verbundenen Augen ertastet. Hierfür müssen die Kinder von einer Person geführt werden. Es können auch an beiden Seiten in Griffhöhe Seile gespannt werden, an denen sie sich orientieren. Die Kinder sollen verbal ausdrücken, wie sich das Material anfühlt (vgl. *Blinde Karawane*).

Riechen

Unterschiedliche Düfte werden in Fläschchen oder Döschen gefüllt (vgl. Materialien *Was duftet denn da?*) oder auch auf kleine Tellerchen gestreut bzw. geträufelt. Auch Materialien aus der Natur können zum Riechen auf Teller ausgelegt werden:

- Walderde, Gartenkompost, Fichten oder Kiefernrinde, Gras/Heu, Algen, z.B. Blasentang (beim Aufenthalt an der See).
- Einige Düfte können auch in kleinen, selbst genähten Riechsäckchen dargeboten werden (Lavendelblüten, Thymian, Salbei u.a.).
- Auch Essig, Kaffee oder Tee und andere duftende Lebensmittel aus der Küche können für diese Station verwendet werden. Warum nicht auch ein Stück Harzer Roller oder Limburger Käse auslegen?

Mehr als zehn verschiedene Düfte sind für Kinder und auch Erwachsene nur schwer auseinanderzuhalten.

Schmecken

Zum Schmecken wird auf etwa zehn Teller oder Gläser folgendes Material vorbereitet:

- Zucker, Salz, Mehl: mit einer Fingerspitze berühren und auf die Zunge legen.
- Obst- und Gemüsestückchen: in mundgerechte Stücke schneiden (vgl. *Verstecken - entdecken, Was schmeckt denn da?*).
- Cola oder Limonade, Kaffee, Tee, Milch, Buttermilch, Kakao: mit dem Strohhalm vorsichtig in den Mund saugen oder mit einem Löffel dem Gefäß entnehmen.
- Kräuter (Petersilie, Schnittlauch, Basilikum, Dill u.a.)
- Nüsse (Hasel-, Erd-, Walnüsse)
- Löwenzahnsalat oder Brennesseltee (oder andere Rezepte mit Wildkräutern) gemeinsam zubereiten und ausprobieren.

Weitere Aktivitäten

Das *Singen* naturbezogener Lieder rundet einen erlebnisreichen Tag ab, es kann eine wertvolle Ergänzung im Bereich Umwelt- und Naturerfahrung sein (z.B. „Ich bin der Baum vor deinem Haus", „Am Teich", „Es sitzen drei kleine Eulen", *Jehn & Jehn* 1985, 1988).
Als Abschluß eines Tages hat sich das *Regentropfenspiel* immer wieder bewährt.

Literatur

Akademie für Lehrerfortbildung Dillingen/Donau (Hg.): Umweltaktivitäten bei Klassenfahrten. Schwerpunkt Herbst-Winter-Frühjahr. Dillingen 1991

Arbeitsgemeinschaft Niedersächsischer Schullandheime e.V./Niedersächsisches Umweltministerium (Hg.): Umwelterziehung im Schullandheim. Projektangebote und Anregungen für Schullandheimaufenthalte von Klassen und Gruppen aller Schulformen. Hannover 1990

Bachmann, H.u. Vortisch, S.: Saure Zeiten. Viel Theater mit der Umwelt. Münster 1989.

Berendt, J. E.: Das dritte Ohr. Vom Hören der Welt. Reinbek 1985

Bartl, A. und M.: Umweltspiele noch und noch. Die tollsten Spiele für drinnen und draußen. Freiburg 1990

Bayerische Akademie für Schullandheimpädagogik e.V. (Hg.): Beiträge zur Schullandheimpädagogik, Bd.2: Umwelterziehung im Schullandheim. Ergebnisse eines Symposiums 1989 in Nürnberg. Burgthann-Mimberg 1990

Bergmoser & Höller Verlag (Hg.): Bausteine Grundschule. Eine Klasse(n)-Fahrt. Heft 3. Aachen 1991

Bick, H. u.a. (Hg.): Angewandte Ökologie. Mensch und Umwelt. Bd. II. Stuttgart 1984

Breucker-Rubin, A. u.a.: Umwelt Spielekartei. Münster o.J.

Bruns, S. und H.: Die fröhliche Spielwiese. Über 80 lustige Spiele und Spielgeräte zum Selbermachen. München 1986

Bücken, H.: Das große Spielebuch. Die besten Spiele und Spielideen für alle Gelegenheiten. Freiburg 1989

BUNDjugend, AK Umwelterziehung (Hg.): Tips zur Saison. Umwelt mit Kindern er-leben. Heft-Nr. 18. Bonn 1990

Burk, K.; Kruse, K. (Hg.): Wandertag - Klassenfahrt - Schullandheim. Lernorte außerhalb des Klassenzimmers III. Beiträge zur Reform der Grundschule-Bd.55. Frankfurt 1983

Calließ, J.; Lob, R. (Hg.): Praxis der Umwelt- und Friedenserziehung. Bd.2: Umwelterziehung. Düsseldorf 1987

Cornell, J. B.: Mit Kindern die Natur erleben. Prien 1979

ders.: Mit Freude die Natur erleben. Naturerfahrungsspiele für alle. Mülheim, Verlag a.d. Ruhr 1991

Deutsche Gesellschaft für Umwelterziehung (DGU) / Institut für die Pädagogik der Naturwissenschaften (IPN) (Hg.): Modelle zur Umwelterziehung in der Bundesrepublik Deutschland. Bd. 3: Umwelterziehung im Ballungsraum. Kiel 1991

Deutsches Jugendherbergswerk (Hg.): Handbuch Umweltschutz. Detmold 1990.

Einsiedler, W.: Das Spiel der Kinder: zur Pädagogik und Psychologie des Kinderspiels. Bad Heilbrunn 1991

Engelhardt, W.: Lernen mit allen Sinnen, in: geographie heute.12. Jg. Heft 96, Dez. 1991

Fischer, S.: Blätter von Bäumen. Legenden, Mythen, Heilanwendung und Betrachtung von einheimischen Bäumen. München 1989

Flitner, A.: Das Kinderspiel. Texte. München 1978

Forkel, J.: erleben, erkunden, handeln: boden. Ideen, Projekte, Aktivitäten. Düsseldorf 1988

Fritz, J.: Theorie und Pädagogik des Spiels. Eine praxisorientierte Einführung. Weinheim 1990

Göpfert, H.: Naturbezogene Pädagogik. Weinheim 1990

Greisenegger, I.u. Katzmann, W. u. Pitter, K.: Umweltspürnasen - Aktivbuch Boden. Wien 1989

dies.: Umweltspürnasen - Aktivbuch Wasser. Wien 1991

Habrich, W. u. Hoppe, W.: Anregungen und Tips für Umwelterfahrungen und Umweltbegegnungen im Schullandheim. Bd. 1 u. 2, Krefeld 1991, 1993

Herbst, U.: Malerei mit selbst hergestellten Erdfarben, in: Kunst und Unterricht, Heft 146/1990

BUND (Hg.): Jugendaktionsbuch Natur und Umwelt. Baden-Baden 1990

Heymann, D. u.a.: Spiele in der Umwelterziehung. Materialien zum Unterricht, Sek.I., Heft 61 Hessisches Institut für Bildungsplanung und Schulentwicklung (HIBS). Wiesbaden 1986

Hielscher, H.: Spielen macht Schule. Grundlagen, Argumente und erprobte Vorschläge für Spiele mit Grundschulkindern, Eltern und Lehrern. Heidelberg 1981

Hoenisch, N.u. Niggemeyer, E.: Heute streicheln wir den Baum. Kinder machen Naturerfahrungen mit Pflanzen, Tieren und ihrem eigenen Körper. Ravensburg 1986

Hübner, K. Naturerfahrungsspiele, o.J.

Institut für ökologische Forschung und Bildung e.V. (Hg.): Kommentierte Umweltspieleliste. Münster 1986[6]

ders.: Das Umwelt Spiele Buch. Brett-, Rollen-, Plan- und Naturerkundungsspiele. Spiele-Ketten. Münster 1988[4]

ders.: Umwelt im Spiel: Brett-, Rollen-, Naturerfahrungsspiele, Spiel- und Mitmach-Aktionen. Münster 1988

Janßen, W. u. Trommer, G. (Hg.): Unterricht Biologie „Natur erleben". Heft 137. 1988

Jehn, M. u. W.: Ich bin der Baum vor deinem Haus. Worpsweder Musikwerkstatt 1985

dies.: Wer soll in unserem Lande wohnen? Worpsweder Musikwerkstatt 1988

Kersberg, H.: u. Lackmann, U. u. a.: Spiele zur Natur- und Umwelterfahrung.. Ein Beitrag zur erlebbaren Umwelterziehung. In: Verband Deutscher Schullandheime (Hg.) das schullandheim, Fachzeitschrift für Schullandheimpädagogik. slh 155/56, S. 37 - 70, Hamburg 1992

Kessel-Klein, G. u. Klein, S.: Blütenbestäubung. Anmerkungen zum Spiel für die Orientierungsstufe (5./6. Schj.), in: Unterricht Biologie 173/1992

Klenk, G. u. Jenchen H.-J. u.a. (Hg.): Schullandheimhelfer Bd.4: Ökologische Erziehung am Beispiel Schullandheim Pfeifferhütte. Schullandheimwerk Mittelfranken e.V. Nürnberg 1989

Knirsch, R.: Komm mit, wir machen was! Das Umweltbuch für alle, die mit Kindern leben. Münster 1990

ders.: Unsere Umwelt entdecken. Spiele und Experimente für Eltern und Kinder, 1991

Kochanek, H. M. u. Pleines, St. (Hg.): Umweltzentren in Deutschland. Schriftenreihe der Arbeitsgemeinschaft Natur- und Umwelterziehung, Bd.3. Mühlheim, Verlag a.d. Ruhr 1991.

Korte, R.: Spielen, Lernen, Unterhalten. Vom Brettspiel zu Kybernetien. Neue Kommunikationsformen in der Schule. In: Spielraum 5/6 1990

Kretschmar, S.: Natur im Wald erlebe: In: Unterricht Biologie Heft 137. 1988

Kreuzer, K.-J. (Hg.): Handbuch der Spielpädagogik. Düsseldorf 1983

Krohn, Ilse: Gestalten mit Naturmaterialien. Niedernhausen 1982

Kruse, Klaus: Schullandheime als Stätten der Umwelterziehung. Thesen und Anmerkungen zum Modellversuch im Schullandheim - ökologischer Lern- und Erziehungsverbund, in: das Schullandheim. Fachzeitschrift für Schullandheimpädagogik. slh 155/56, Hamburg 1992

Kuhn, K.; Probst, W.; Schilke, K.: Biologie im Freien. Stuttgart 1986

Kükelhaus, H. u. Lippe, R.: Zur Entfaltung der Sinne. Ein Erfahrungsfeld zur Bewertung und Besinnung. Frankfurt 1982

Leifermann, K.: Ein Lernspiel selbst hergestellt. In: Praxis Grundschule, Heft 2, 1992

Lingelbach, J.: Hands-On Nature: Information and Activities for Exploring the Environment with Children. Woodstock, Vermont 05091, U.S.A. 1986

Lockenvitz, T.: Aus- und Fortbildung. Grundkurs Kinderspiel: In: Unsere Jugend, 41. Jg. München 1990

Lohf, S. u. Sailer, S.: Wo der Gurkenkönig wächst. Ein Pflanzenjahrbuch. Ravensburg 1987

Löscher, W.: Riech- und Schmeckspiele. Sinnvolle Frühpädagogik. München 1987

Märtens, H. u. Nogli-Izadpanah, S.: Gräser-Binsen-Seggen-ein spielerisches Kennenlernen , Unterrichtsanregung für die Primarstufe, in: Unterricht Biologie 175/1992

Mathis, F.J. u.a. (Hg.): Spielwerkstatt. Katholische Jugendzentrale im Bistum Trier (Bezug). o.O. 1980

Mönkemeyer, K.: Mit Kindern Umwelt und Natur entdecken. (Bände: Frühling, Sommer, Herbst, Winter) Hamburg 1991

Naturschutzjugend im DBV/LBV (Hg.): Arbeitshilfe Erlebter Frühling: Eidechse. Stuttgart 1990

Naturschutzzentrum Hessen (Hg.): Der Naturlernpfad - Zielsetzung, Themen, Inhalte. Wetzlar o.J.

dies.: Umwelt und Natur in der Lebenswelt der Kinder. Tagungsband. Wetzlar 1989

Naturschutzzentrum NRW bei der LÖLF (Hg.): Natur-Kinder-Garten. Ein Materialheft für Kindergärten. Boden-Wiese-Teich. Recklinghausen 1990

Noack, W. u. Reese, E.: Von Bäumen, Brot und kleinen Biestern. Beispiele aus der Arbeit der Freiluftschule Burg. Landeshauptstadt Hannover (Schulamt). Hannover o.J.

Orlick, T.: Neue kooperative Spiele. Mehr als 200 konkurrenzfreie Spiele für Kinder und Erwachsene. Basel 1985

Pädagogisches Zentrum Bad Kreuznach (Hg.): Umwelterziehung. Beispiele aus der Schulpraxis. Alzey 1991

Peter, S.: Farbpigmente unserer Umwelt - Herstellung von Malfarben, in: Arbeitsgemeinschaft Niedersächsischer Schullandheime e.V./Niedersächsisches Umweltministerium (Hg.): Umwelterziehung im Schullandheim. Projektangebote und Anregungen für Schullandheimaufenthalte von Klassen und Gruppen aller Schulformen. Hannover 1990

Press, H.-J.: Der Natur auf der Spur. Ravensburg 1972

Retter, H.: Umweltlernen durch Ökospiele, in: Spielmittel 4/1985. S.66-70

Rheinisch-Westfälische Wasserwerksgesellschaft (RWW) u. Verlag an der Ruhr (Hg.): Wasser erspielen und erfahren. Das Element Wasser im Kindergarten. Mühlheim a.d. Ruhr 1990

dies.: Wasser erleben und erfahren. Das Element Wasser in der Grundschule. Mühlheim a.d. Ruhr 1990

dies.: Wasser erkunden und erfahren. Das Element Wasser für die Klassen 5-7. Mühlheim a.d. Ruhr 1990

dies.: Wasser erforschen und erfahren. Das Element Wasser für die Klassen 8-11. Mühlheim a.d. Ruhr.1991

dies.: Wasser begreifen und erfahren. Das Element Wasser an der Sonderschule. Mühlheim a.d. Ruhr 1991

dies.: Wasser erarbeiten und erfahren. Das Element Wasser in der Jugendarbeit. Mühlheim a.d. Ruhr 1992

dies.: Das Element Wasser in der Erwachsenenbildung. Wasser erhalten und erfahren. Mühlheim a.d. Ruhr 1992

Rumpf, H.: Die übergangene Sinnlichkeit. München 1981

Salehian, F. u. Manuel, M.: Der Garten der 5 Sinne-Ein Stationenspiel für drinnen und draußen, In: Institut für ökologische Forschung und Bildung, Umwelt im Spiel. Münster 1988

Schächter, M. (Hg.): Mittendrin. Die Erde hat kein dickes Fell. Berlin 1988

ders.: Mittendrin. Ohne Wasser läuft nichts. Berlin 1988

Scheuerl, H.: Das Spiel. Bd. 1: Untersuchungen über sein Wesen, seine pädagogischen Möglichkeiten und Grenzen. Basel 1990. Bd. 2: Theorien des Spiels. Basel 1991

Schreier, H. (Hg.): Kinder auf dem Weg zur Achtung vor der Mitwelt. Heinsberg 1992

Schulbiologiezentrum Hannover (Hg.): Spiele für Kinder und Erwachsene aller Altersstufen in und mit der Natur. Hannover 1991

Schullandheimwerk Schwaben e.V. u. Verein Augsburger Schullandheime e.V. (Hg.): Lernen am Wasser. Bausteine zur Umwelterziehung beim Schullandheimaufenthalt. Augsburg 1991

Schweizerisches Zentrum für Umwelterziehung des WWF (Hg.): Wald erleben-Wald verstehen. 1985.

Seitz, R. (Hg.): Seh-Spiele. Sinn-volle Frühpädagogik. München 1985

ders.: Tast-Spiele. Sinn-volle Frühpädagogik

Singeisen-Schneider, V.: 1001 Entdeckung. Natur erleben durchs ganze Jahr. Eine Ideensammlung für jeden Monat: Beobachten-Spielen-Experimentieren-Fantasieren-Basteln, Zürich/Wiesbaden 1989

Stöcklin-Meier, S.: Naturspielzeug. Spiele mit Blüten, Blätter, Gräsern, Samen und Früchten. Ravensburg 1987

Thielemann, H. u. Trummer, F.-W.: Mit Kindern die Natur erleben. Anregungen und Anleitungen für Umwelterziehung in einem Schullandheim an der Nordsee. In: Verband Deutscher Schullandheime (Hg.): das Schullandheim. Fachzeitschrift für Schullandheimpädagogik. Umwelterziehung im Schullandheim. Heft 2 (slh 147). Hamburg 1989

Thielemann, H.: Laubbäume im Winter. Arbeitsheft. Lebendiges Lernen im Schullandheim. Natur-Umwelt. Verband Dt. Schullandheime (Hg.). Hamburg 1991

ders.: Naturdinge suchen, erleben und gestalten. In: Schreier, H. (Hg.): Kinder auf dem Weg zur Achtung vor der Mitwelt. Heinsberg 1992

Trommer, G.: Wald erleben. Unterrichtsanregungen für die Sek.II, in: Unterricht Biologie. Heft 137. 9/1988

um(welt)lernen. Zeitschrift für Ökologische Bildung. Heft 54/55 „Spiele(n)", 4/91. B&B Verlagsgesellschaft Paderborn

Unterbruner, U.: Lebendiges Lernen in der Umwelterziehung. Anregungen für die Praxis. Heft 9. ARGE Umwelterziehung in der österreichischen Gesellschaft für Natur- und Umweltschutz. Wien 1986

dies.: Umweltangst - Umwelterziehung. Vorschläge zur Bewältigung der Ängste Jugendlicher vor Umweltzerstörung. A-Linz 1991

Verband Dt. Schullandheime e.V. (Hg.): das Schullandheim. Fachzeitschrift für Schullandheimpädagogik. Umwelterziehung im Schullandheim. Heft 1 (slh 146): Modelle und Konzeptionen. Heft 2 (slh 147): Methoden und Initiativen für die Praxis. Hamburg 1989, Reflexionen und Tips, Heft 3/4 (slh 155/56), Hamburg, 1992

Western Regional Environmental Education Council: Project Wild. Elementary Activity Guide. U.S.A. 1983

Winkel, G.: Unterricht Biologie „Schullandheim", Heft 114. Seelze 1986

ders.: Leitlinien der Natur- und Umwelterziehung. Hannover 1990

Wucherpfennig, P.: Umwelt-Werkbuch. Mit Tricks und Experimenten der Natur auf der Spur. Hamburg 1990

Zacharias, W. (Hg.) in Verbindung mit „Recht auf Spiel/IPA e.V.": Gelebter Raum. Beiträge zu einer „Ökologie der Erfahrung". Ein Reader für Spielplaner, Kultur- und Museumspädagogen. München 1989

Zimmerli, E.: Freilandlabor Natur. Schulreservat, Schulweiher, Naturlehrpfad. Zürich 1980

Zeitschriften/Anschriften (Auswahl):

das Schullandheim - Fachzeitschrift für Schullandheimpädagogik, Verlag Verband Deutscher Schullandheime - Vertrieb: Mendelssohnstr. 86, 22761 Hamburg

um(welt)lernen - Zeitschrift für Ökologische Bildung. B&B Verlagsgesellschaft mbH, Rathenaustr. 16, 33102 Paderborn

Unterricht Biologie - Friedrich Verlag GmbH&Co KG, PF 100150, 30917 Seelze

Geographie heute - Friedrich Verlag GmbH&Co KG, PF 100150, 30917 Seelze

Umwelterziehung praktisch - Hg.: Pädagogisches Zentrum des Landes Rheinland-Pfalz, Europaplatz 7-9, 55543 Bad Kreuznach/Landeszentrale für Umweltaufklärung Mainz

öko päd - Unabhängige Zeitschrift für Ökologie und Pädagogik. Verein zur Förderung der Ökologie im Bildungsbereich e.V., Essener Str. 14, 10555 Berlin

spielmittel - Die Zeitschrift für Information, Beratung, Diskussion. Wenos-Verlag Bamberg

Die Grundschulzeitschrift: mit Kindern Schule machen. Friedrich Verlag GmbH&Co KG, PF 100150, 30917 Seelze

Grundschule - Westermann Verlag, Georg Westermann Allee 66, 38104 Braunschweig

Praxis Grundschule - Westermann Verlag, G. Westermann Allee 66, 38104 Braunschweig

Tu was - Domino-Verlag Günther Brinek GmbH, Hubertusstr. 22, 80639 München

Tips zur Saison - BUNDjugend (Hg.), Friedrich-Breuer-Str. 86, 53225 Bonn

Umwelterziehung - ARGE Umwelterziehung in der Österreichischen Gesellschaft für Natur- und Umweltschutz, Hegelgasse 21/1, A-1010 Wien

Praxis Umwelterziehung - Handreichungen für Schule und Jugendarbeit im Primar- und Sekundarbereich. Rot-Gelb-Grün Lehrmittel, PF 3922, Braunschweig

Umwelterziehung im Schullandheim

Sehen
Riechen
Hören
Fühlen
Gefühl/Betroffenheit
Diskussion/Gespräch
! Konzentration

Herbert Kersberg/
Ulla Lackmann (Hrsg.)

Spiele zur Natur- und Umwelterfahrung

Ein Beitrag zur erlebbaren Umwelterziehung

Hamburg 1994, 128 Seiten und Anlagen,
ISBN 3-924051-76-3 **18,50 DM**

Helga Erler
Umwelterziehung im Schullandheim

Natur erfahren und verstehen

Eine Handreichung für Projekte in den Lebensräumen Wald, Waldrand und Hecke. Sie beinhaltet ein pädagogisches Konzept zur Erforschung dieser Ökosysteme, wobei insbesondere erlebnisorientiertes Lernen und der spielerische Zugang zur Natur im Vordergrund stehen. Die aus der praktischen Arbeit entwickelten Texte und Arbeitsblätter enthalten viele Anregungen, Tips und Hilfen zur Umwelterziehung im Schullandheim.
1992, 128 S. ISBN: 3-924051-79-8 **18,50 DM**

Umwelterziehung:

Impulse für Berufsorientierung und Berufsausbildung

Schriftenreihe der Pädagogischen Arbeitsstelle des Verbandes Deutscher Schullandheime e. V.

Herausgeber der Reihe: Lothar Beinke/Klaus Kruse

ISSN: 0942-7309

In dieser Veröffentlichungsreihe werden erstmals Modelle der Berufsorientierung und Berufsausbildung kombiniert mit Aspekten der Umwelterziehung für den Lernortverbund Schule, Schullandheim und Betrieb dargestellt. Neben Praxisberichten und Modellvorhaben werden grundlegende Analysen und Grundsatzreferate von Fachtagungen dokumentiert.

Bd. 1 Umwelterziehung - Impulse für die Berufs orientierung und Berufsausbildung, 1991, 128 S. ISBN: 3-924051-80-1 **20,- DM**

Bd. 2 Didaktische Probleme und Lösungen 1992, 96 S.,ISBN: 3-924051-81-X **19,- DM**

Bd. 3 Problemlösungen in Umwelt und Beruf erfordern Eigeninitiative, 1993, ISBN: 3-924051-82-8 **19,- DM**

Helge Thielemann

Laubbäume im Winter

Arbeitsheft

Das Arbeitsheft ist eine neue Anregung für einen ganzheitlich-handlungsorientierten Sachunterricht der Klassenstufen 4-7 im Lernbereich Natur.
Das Heft empfiehlt sich, um in der Zeit von November bis Ende März, in der nur wenige lebende pflanzen- und tierkundliche Objekte zur Verfügung stehen, das Interesse der Schülerinnen und Schüler an der Natur draußen aufrecht zu erhalten.

Spiele, Rätsel, Bastelideen und Geschichten ranken sich um den Kernbereich Form- und Artenkenntnis herum.
1991, 39 Seiten, ISBN 3-924051-72-0 **2,50 DM**

Umwelterziehung im Schullandheim

Heft 1: Modelle und Konzeptionen (slh 146) vergriff.
Heft 2: Methoden und Initiativen für die Praxis (slh 147) vergriff.
Heft 3/4: Reflexionen und Tips, 216 S. (slh 155/56) **8,- DM**

alle Hefte erschienen in **»das Schullandheim«**

Bayerische Akademie für Schullandheimpädagogik e.V. (Hrsg.)

Handreichungen zur Umwelterziehung in Schullandheim und Schule

Band 1: Lebensraum Wasser	Band 2: Lebensraum Wald	Band 3: Heilpflanzen
Inhalt: Zielbereiche ökologischer Erziehung · Wasser mit allen Sinnen wahrnehmen · Die Gefährdung des Wassers erkennen · Den Lebensraum Wasser naturschonend kennenlernen · Epische Kleinformen · Anregungen für Meditationen und Besinnungen · Spiele, Rätsel, Scherzfragen · Sachinformationen · Arbeitsblätter · Literatur	Inhalt: Ziele ökologischer Erziehung · Erfahrungsfelder „Spiele",„Meditation/Besinnung", „Ästhetik", „Darstellen", „Praktische Nutzanwendung" und „Fachspezifische Arbeitsweisen" · Themenbereiche „Bäume/Sträucher", „Lebensraum Hecke", „Boden und Spuren im Wald", „Vögel im Wald"· Beispiel eines Schullandheimaufenthaltes · Literatur	Inhalt: Ganzheitliche Betrachtung am Beispiel des Holunders · Projektbeispiele · Anregungen (Bausteine) zum Thema Heilpflanzen · Materialsammlung mit zahlreichen Kopiervorlagen · Literaturhinweise · Quellen
Mimberg, 1993, ISBN 3-924051-91-7 184 Seiten **22,50 DM**	**Mimberg, 1993,** ISBN 3-924051-92-5 196 Seiten **26,50 DM**	**Mimberg, 1993,** ISBN 3-924051-93-3 128 Seiten **22,50 DM**

Im Rahmen seiner satzungsgemäßen Aufgaben als Fachverband für Schullandheimpädagogik hat der Verband Deutscher Schullandheime e V. zum 1. 1. 1991 die **Pädagogische Arbeitsstelle** errichtet. Zu den Hauptaufgaben gehören: Aufarbeitung grundlegender Themen zu Konzeption und Standortbestimmung der Schullandheimpädagogik; Initiierung und Koordination von Modellversuchen und pädagogischen Arbeitsgruppen; Beteiligung an der Lehreraus- und -fortbildung; Beteiligung an Ausstellungen und Messen auf dem Bildungssektor; Dokumentation der grundlegenden Arbeit und Herausgabe von **Veröffentlichungen.**

Pädagogische Arbeitsstelle und **Verlag** des Verbandes Deutscher Schullandheime e. V.
Mendelssohnstr. 86, 22761 Hamburg
Tel.: 040/890 15 41, Telefax: 040/89 86 39